基于风险管理的企业内部控制研究

王艳云◎著

中国商务出版社

·北京·

图书在版编目（CIP）数据

基于风险管理的企业内部控制研究／王艳云著．
北京：中国商务出版社，2024.11. -- ISBN 978-7
-5103-5512-7

Ⅰ. F272.3

中国国家版本馆 CIP 数据核字第 20246Y6261 号

基于风险管理的企业内部控制研究

JIYU FENGXIAN GUANLI DE QIYE NEIBU KONGZHI YANJIU

王艳云　著

出版发行：中国商务出版社有限公司

地　　址：北京市东城区安定门外大街东后巷 28 号　　邮　　编：100710

网　　址：http://www.cctpress.com

联系电话：010—64515150（发行部）　　010—64212247（总编室）
　　　　　　010—64515164（事业部）　　010—64248236（印制部）

责任编辑：曹　蕾

排　　版：北京盛世达儒文化传媒有限公司

印　　刷：宝蕾元仁浩（天津）印刷有限公司

开　　本：710 毫米 ×1000 毫米　　1/16

印　　张：14　　　　　　　　　字　　数：228 千字

版　　次：2024 年 11 月第 1 版　　　印　　次：2024 年 11 月第 1 次印刷

书　　号：ISBN 978-7-5103-5512-7

定　　价：79.00 元

Preface
前言

    在当今世界经济一体化和资本流动全球化的背景下，企业是社会主义市场经济的重要组成部分，在利用社会资本、扩大就业、促进生产力发展、创造社会财富等方面发挥着重要作用。然而，不论是在经济发达的西方国家，还是处于第三世界的发展中国家，对于企业而言，内部控制和风险管理都是一个永恒的主题，永不过时。一个小的风险事件往往会打开一体化链条上的"潘多拉之盒"，形成"多米诺骨牌效应"，波及的方面和产生的连锁反应是很多国家和企业所始料未及的。这些都在客观上要求企业建立一套行之有效的风险管理和内部控制体系来抵御内外部的各种风险。未来企业进行风险管理和内部控制需要走出仅仅满足合规要求的禁锢，要"择高处立"，即这些工作要与企业的整体战略密切结合，推动企业整体战略发展，借此实现企业的盈利目标，增加企业价值。

    本书内容共分为七章。第一章绪论，第二章企业风险管理，第三章企业风险控制，第四章企业内部控制，第五章企业风险管理与内部控制，第六章基于风险管理的企业控制活动，第七章大数据时代下的互联网财务内部控制。

    本书在编写过程中，收集、查阅和整理了大量文献资料，在此对学界前辈、同人和所有为此书编写工作提供帮助的人员致以衷心感谢。由于编者能力有限，编写时间较为仓促，书中如存在不足之处，敬请广大读者给予批评和指教！

作 者

2024 年 5 月

Contents
目录 ————————————————————————————————

第一章

绪　论

一、研究背景

随着全球经济一体化的推进，企业面临的市场竞争和外部环境变化日益复杂。企业需要应对的风险种类和数量显著增加，如市场风险、信用风险、操作风险、法律风险等。有效的风险管理已经成为企业生存和发展的关键因素。

企业内部控制作为风险管理的重要手段，不仅能帮助企业实现经营目标、保护资产安全，还能提高企业的经营效率和效果。内部控制通过建立一系列的政策、程序和措施，确保企业各项业务活动的合法合规，防止和发现各种错误和舞弊行为，从而降低企业面临的风险，提高企业的整体管理水平。

尽管国内外企业在风险管理和内部控制方面已经积累了丰富的经验，但在实际操作中仍存在诸多问题。例如，部分企业的风险管理体系不健全，风险识别和评估不全面，风险控制措施不力，内部控制制度形同虚设等。这些问题既影响了企业的正常运营，又可能导致企业面临巨大的风险和损失。因此，深入研究和探讨基于风险管理的企业内部控制，对于提高企业的风险管理水平和内部控制效果，具有重要的理论和实践意义。

二、研究目的及意义

（一）研究目的

首先，探讨风险管理在企业内部控制中的作用和重要性。风险管理作为企业管理的重要组成部分，通过识别、评估和控制风险，可以帮助企业有效应对各种不确定性，降低风险对企业经营活动的负面影响。而内部控制作为风险管理的重要手段，通过建立健全的内部控制体系，可以帮助企业实现经营目标，保护资产安全，提高经营效率。因此，研究风险管理在企业内部控制中的作用和重要性，对于提高企业的整体管理水平具有重要意义。

其次，分析当前企业在风险管理和内部控制方面存在的问题。尽管国内外企业在风险管理和内部控制方面积累了丰富的经验，但在实际操作中仍存在诸多问题。例如，部分企业的风险管理体系不健全，风险识别和评估不全面，风险控制措施不力，内部控制制度形同虚设等。这些问题不仅影响了企业的正常运营，还可能导致企业面临巨大的风险和损失。因此，研究当前企业在风险管理和内部控制方面存在的问题，有助于发现和解决这些问题，提高企业的风险管理水平和内部控制效果。

最后，提出基于风险管理的企业内部控制优化方案，并通过案例分析验证其有效性和可操作性。基于风险管理的企业内部控制优化方案，通过将风险管理嵌入企业的内部控制体系中，构建系统、科学的风险管理与内部控制整合模型，为企业管理者提供理论支持和实践指导。通过案例分析，总结成功经验和失败教训，验证所提出方案的有效性和可操作性，为企业提供具体的实践指导。

（二）研究意义

1. 理论意义

丰富和拓展了风险管理与内部控制的理论体系，为相关领域的后续研究提供基础。

系统地总结和分析了风险管理与内部控制的整合模式，填补了现有研究的空白。提出了基于风险管理的企业内部控制优化方案，为理论研究提供了新的视角和方法。

2. 实践意义

为企业管理者提供了可操作的风险管理与内部控制整合方案，帮助企业有效识别和管理风险，提高内部控制水平。

3. 社会意义

通过提升企业的风险管理和内部控制水平，促进企业的健康发展，从而为社会经济的稳定和发展做出贡献。

提高企业的风险管理和内部控制水平，有助于减少企业经营风险，保护投资者和利益相关者的合法权益。

通过风险管理与内部控制的优化，提升企业的竞争力和可持续发展能力，推动行业和社会的良性发展。

三、国内外研究现状综述

（一）风险管理研究现状

1. 风险管理的基本理论与方法

风险管理作为现代管理科学的一个重要分支，经历了从传统的风险规避到系统的风险管理的演变过程。传统的风险管理主要集中在风险的规避和转移，如通过保险、合同等手段将风险转移给第三方。然而，随着企业经营环境的日益复杂和多变，单纯的风险规避和转移已经无法满足企业的需求。现代风险管理强调通过系统的风险识别、评估和控制，降低风险对企业经营活动的负面影响，提高企业的风险抵御能力。

风险管理的基本理论与方法主要包括以下四个方面。

（1）风险识别：这是风险管理的首要步骤，旨在识别企业可能面临的各种风险。风险识别的方法主要包括专家判断法、检查表法、故障树分析法和头脑风暴法等。专家判断法依赖于专家的经验和知识；检查表法通过预先设计好的检查清单进行风险识别；故障树分析法通过系统分析识别潜在的风险源；头脑风暴法通过集思广益的方式识别风险。

（2）风险评估：在识别风险后，需要对风险进行评估，以确定其严重程度和发生概率。风险评估的方法主要包括定性评估和定量评估。定性评估通过专家打分、风险矩阵等方法对风险进行描述和排序；定量评估则通过数理统计和概率分析等方法对风险进行量化评估。

（3）风险控制：在识别和评估风险后，需要制定和实施相应的控制措施，以降低风险的发生概率和影响程度。风险控制的方法主要包括风险回避、风险减轻、风险转移和风险承担等。风险回避是指通过改变计划或活动以避免风险；风险减轻是通过采取措施降低风险的发生概率和影响程度；风险转移是通过合同、保险等方式将风险转移给第三方；风险承担是指企业自身承担风险。

（4）风险监控：风险管理是一个持续的过程，需要不断监控和评估风险管理措施的有效性，并根据需要进行调整和改进。风险监控的方法主要包括定期检查、内部审计和外部审计等。

2. 风险管理在不同领域的应用

（1）金融风险管理：金融行业是风险管理应用最为广泛的领域之一。金融风险管理主要包括信用风险、市场风险、操作风险和流动性风险等。信用风险是指借款人或交易对手无法按时履行合同义务的风险；市场风险是指市场价格变动导致的风险；操作风险是指由于内部程序、人员或系统问题引起的风险；流动性风险是指企业无法及时获得足够的资金以满足短期支付需求的风险。

（2）项目风险管理：项目管理中，风险管理是确保项目顺利完成的重要环节。项目风险管理主要包括项目启动、计划、执行、监控和收尾等各个阶段的风险识别、评估和控制。项目风险管理的方法主要包括风险矩阵法、敏感性分析法和蒙特卡罗法等。

（3）供应链风险管理：供应链管理中，风险管理旨在识别和控制供应链中各个环节可能面临的风险。供应链风险管理的方法主要包括供应商风险评估、物流风险管理和库存风险控制等。供应链风险管理的目标是通过优化供应链结构和流程，提高供应链的稳定性和抗风险能力。

（4）信息技术风险管理：随着信息技术的快速发展，信息技术风险管理逐渐成为企业风险管理的重要组成部分。信息技术风险管理主要包括信息安全风险、系统故障风险和数据泄露风险等。信息技术风险管理的方法主要包括防火墙、入侵检测系统和数据加密等技术手段。

（5）环境风险管理：环境风险管理是指企业在生产经营过程中，通过识别、评估和控制环境风险，以减少环境污染和生态破坏。环境风险管理的方法主要包括环境影响评价、污染控制和生态补偿等。

3. 风险管理的信息化

随着信息技术的不断进步，信息化在风险管理中的应用越来越广泛。信息化不仅提高了风险管理的效率和效果，还推动了风险管理的智能化和自动化发展。

（1）风险管理信息系统（RMIS）：RMIS 是一种集风险识别、评估、控制和监控于一体的信息系统，能够帮助企业系统化地管理风险。RMIS 通过收集和分析风险数据，提供实时的风险预警和决策支持，从而提高企业的风险管理能力。

（2）大数据分析：大数据技术在风险管理中的应用主要体现在风险识别和评估方面。通过对大量的历史数据和实时数据进行分析，大数据技术可以识别出潜在的风险模式和趋势，帮助企业提前预防和控制风险。

（3）人工智能：人工智能技术在风险管理中的应用主要体现在风险预测和决策支持方面。通过机器学习和深度学习算法，人工智能能够从大量数据中学习和预测风险，提供智能化的风险管理方案。

（4）区块链技术：区块链技术在风险管理中的应用主要体现在供应链风险管理和信息安全风险管理方面。通过区块链技术的去中心化和不可篡改特性，企业可以提高供应链透明度和数据安全性，降低供应链和信息安全风险。

（二）企业内部控制研究现状

1. 内部控制的基本理论

（1）内部控制的定义和目标。内部控制是指企业为了实现其经营目标，保护资产安全，保证财务报告的可靠性和合法合规性而建立的政策、程序和措施的集合。内部控制的目标主要包括以下四个方面。

①实现经营目标：确保企业的业务活动能够按照既定的战略和计划进行，从而实现企业的短期和长期经营目标。

②保护资产安全：通过一系列控制措施，防止企业资产的流失、损毁或被不正当使用，确保企业资产的完整性和安全性。

③保证财务报告的可靠性：确保企业财务信息的准确性、完整性和及时性，为企业管理决策和外部利益相关者提供可靠的信息支持。

④确保合法合规：确保企业的各项业务活动符合法律法规和内部规章制度，防范和控制法律风险和合规风险。

（2）内部控制的原则和要素。内部控制的设计和实施需要遵循一定的原则，并包含若干关键要素。主要原则和要素包括以下九个方面。

①全面性原则：内部控制应覆盖企业的所有业务活动和管理环节，确保企业的各项活动都在有效的控制之下。

②制衡性原则：内部控制应注重权责分离，避免权力过于集中，防止舞弊行为。

③及时性原则：内部控制应确保信息的及时传递和反馈，使企业能够迅速发现和应对风险和问题。

④成本效益原则：内部控制应在控制成本和控制效果之间取得平衡，避免过度控制导致的资源浪费。

⑤控制环境：是内部控制的基础，包括企业的治理结构、管理风格、组织文化和人力资源政策等。良好的环境控制有助于企业建立和实施有效的内部控制。

⑥风险评估：指企业识别、评估和应对可能影响实现经营目标的风险的过程。通过风险评估，企业可以识别出潜在的风险，并采取相应的控制措施加以应对。

⑦控制活动：指企业为了应对风险而采取的各种措施和行动，包括授权审批、职责分离、内部审计等。控制活动的设计和实施应根据企业的具体情况和风险特征进行。

⑧信息与沟通：指企业通过有效的信息系统和沟通渠道，确保内部控制信息的准确传递和共享。良好的信息与沟通有助于企业及时发现和解决问题，提高内部控制的有效性。

⑨监控：指企业通过定期检查、内部审计等方式，评估内部控制的执行情况和效果，并根据需要进行改进。监控的目的是确保内部控制措施的持续有效性。

2. 内部控制在不同类型企业中的应用

（1）制造业内部控制。制造业企业的内部控制重点在于生产流程的管理和控制。制造企业通常面临生产流程复杂、原材料和产品质量控制难度大、库存管理和供应链管理要求高等问题。为此，制造企业需要建立健全的内部控制体系，确保生产流程的高效运转和产品质量的稳定。在制造企业中，生产流程控制是内部控制的核心内容。通过建立标准作业程序（SOP）、实施全面质量管理（TQM）、引入企业资源计划（ERP）系统等手段，制造企业可以提高生产效率，降低生产成本，确保产品质量。制造企业还需要加强对供应链的管理，确保原材料的质量和供应的稳定性，降低供应链风险。

（2）服务业内部控制。服务业企业的内部控制重点在于服务流程的管理和控制。服务业企业通常面临服务质量难以量化、客户需求多样化、员工流动性大等问题。为此，服务业企业需要建立标准化的服务流程，加强员工培训和管理，确保服务质量的稳定和客户满意度的提升。在服务业企业中，服务流程控制是内部控制的核心内容。通过制定标准化的服务流程和服务规范，服务业企业可以提高服务效率，提升服务质量，减少服务过程中的差错和投诉。服务业企业还需要加强对员工的管理和培训，确保员工能够按照标准化的服务流程提供服务，提升客户满意度。

（3）金融业内部控制。金融机构的内部控制重点在于金融风险的管理和控制。金融机构通常面临信用风险、市场风险、操作风险和流动性风险等多种风险。为此，金融机构需要建立健全的风险管理体系，加强对各类风险的识别、评估和控制，确保金融业务的安全和稳定。在金融机构中，风险管理是内部控制的核心内容。通过建立和完善信用风险管理、市场风险管理、操作风险管理和流动性风险管理等体系，金融机构可以有效识别和控制各类金融风险，降低风险对金融业务的负面影响。金融机构还需要加强对合规风险的管理，确保各项业务活动符合法律法规和内部规章制度。

3. 内部控制的评价与改进

（1）内部控制评价工具和方法。内部控制的评价是指企业通过一定的工具和方法，对内部控制的执行情况和效果进行检查和评估，以发现和解决内部控制中的问题。主要的评价工具和方法包括以下几种。

①内部审计：由企业内部审计部门或人员对内部控制的执行情况进行检查和评估。内部审计的目的是发现内部控制中的不足和问题，并提出改进建议。

②外部审计：由独立的第三方审计机构对企业内部控制进行评价。外部审计的目的是对企业的内部控制进行独立的检查和评估，为企业管理层和外部利益相关者提供客观的评价意见。

③管理自我评估：由企业管理层对内部控制进行自我检查和评估。管理自我评估的目的是通过自我反省和检查，发现内部控制中的不足和问题，并采取相应的改进措施。

（2）内部控制改进的具体措施。根据内部控制评价的结果，企业需要制定和实施相应的改进措施，以提高内部控制的有效性和效果。主要的改进措施如下。

①优化内部控制流程：根据评价结果，企业可以对现有的内部控制流程进行优化和调整，提高内部控制的合理性和有效性。例如，企业可以简化烦琐的审批流程，提高审批效率，减少不必要的管理层级。

②加强内部控制培训：企业可以通过定期的内部控制培训，提高员工对内部控制的认识和理解，增强员工执行内部控制的自觉性和主动性。企业还可以通过案例分析和实战演练，提高员工解决实际问题的能力。

③引入先进的控制技术和工具：企业可以引入先进的信息技术和管理工具，提高内部控制的自动化和智能化水平。例如，企业可以通过引入 ERP 系统，提高生产管理和财务管理的效率，通过引入 BI（商业智能）工具，提高数据分析和决策支持的能力。

④完善内部控制制度：企业可以根据评价结果，对现有的内部控制制度进行修订和完善，确保内部控制制度的适用性和有效性。企业还可以制定和实施新的内部控制制度，弥补现有制度的不足和空白。

（三）风险管理与企业内部控制研究现状评述

尽管风险管理和内部控制各自有着丰富的研究成果，但两者的整合研究相对较少。现有研究多集中在理论探讨和个案分析，系统性、综合性的研究不足。此外，随着企业经营环境的变化和信息技术的发展，风险管理与内部控制的整合也面临新的挑战和机遇，需要进一步深入研究。

1. 现有研究的不足

风险管理和内部控制主要存在以下三个方面的问题。

（1）缺乏系统的整合模型：现有研究多集中在风险管理和内部控制的单一方面，缺乏系统的整合模型，无法全面、系统地指导企业的风险管理与内部控制实践。

（2）缺乏实证研究支持：现有研究多采用案例分析法和文献综述法，缺乏大规模的实证研究支持，无法全面、客观地反映企业的实际情况和需求。

（3）信息技术应用不足：现有研究对信息技术在风险管理与内部控制整合中的应用探讨较少，无法充分发挥信息技术在提升风险管理与内部控制效率和效果方面的作用。

2. 整合研究的重要性

随着企业经营环境的变化和信息技术的发展，风险管理与内部控制的整合研究显得尤为重要。风险管理与内部控制的整合能够帮助企业全面、系统地识别和控制风险，提高企业的风险抵御能力和管理水平，促进企业的可持续发展。具体而言，风险管理与内部控制的整合研究具有以下四个方面的重要性。

（1）提升企业的风险管理水平：通过将风险管理嵌入企业的内部控制体系中，企业可以全面、系统地识别和控制风险，提高风险管理的科学性和有效性。

（2）提高企业的管理水平：通过风险管理与内部控制的整合，企业可以优化内部控制流程，提升管理效率和效果，促进企业的可持续发展。

（3）增强企业的竞争力：通过风险管理与内部控制的整合，企业可以提高风险抵御能力和管理水平，增强市场竞争力和抗风险能力，促进企业的长远发展。

（4）促进企业的合法合规：通过风险管理与内部控制的整合，企业可以确保各项业务活动符合法律法规和内部规章制度，降低合规风险，提升企业的合规水平。

3. 风险管理与企业内部控制整合的路径和方法

（1）整合路径。风险管理与内部控制的整合可以通过以下四个路径实现。

①建立风险导向的内部控制体系：将风险管理的理念和方法嵌入企业的内部控制体系中，建立风险导向的内部控制体系。通过风险评估和风险控制措施的设计和实施，全面、系统地识别和控制企业的各种风险。

②构建信息化的风险管理与内部控制平台：利用信息技术构建信息化的风险管理与内部控制平台，实现风险管理与内部控制的自动化和智能化。通过信息系统的集成和数据分析，提高风险管理与内部控制的效率和效果。

③加强内部审计和外部审计的联动：通过内部审计和外部审计的联动，全面、客观地评估企业的风险管理与内部控制情况，发现和解决存在的问题，提升风险管理与内部控制的有效性。

④推动风险管理与内部控制的文化建设：通过企业文化的建设，增强员工的风险管理与内部控制意识，形成良好的风险管理与内部控制氛围，提高企业的整体管理水平。

（2）整合方法。风险管理与内部控制的整合方法主要包括以下四个方面。

①风险评估与内部控制设计相结合：在进行风险评估时，将内部控制的要素考虑在内，根据风险评估的结果设计相应的内部控制措施，确保内部控制措施的有效性和针对性。

②风险控制与内部控制活动相结合：在实施风险控制措施时，将内部控制活动有机结合起来，通过授权审批、职责分离等内部控制活动，确保风险控制措施的有效执行。

③信息与沟通的整合：通过信息系统和沟通渠道的整合，实现风险管理与内部控制信息的共享和传递，提高信息的准确性和及时性，增强风险管理与内部控制的协同效应。

④监控与改进的整合：通过定期检查、内部审计和外部审计等方式，对风险管理与内部控制的执行情况进行监控和评估，根据评估结果制定和实施相应的

改进措施，确保风险管理与内部控制的持续有效性。

4. 信息技术在风险管理与内部控制整合中的应用

（1）信息技术的作用。信息技术在风险管理与内部控制的整合中具有重要作用，通过信息技术的应用，企业可以提高风险管理与内部控制的效率和效果，具体体现在以下四个方面。

①提高风险识别和评估的准确性：通过大数据分析和人工智能技术，企业可以从大量数据中识别和预测风险，提高风险识别和评估的准确性和科学性。

②提升风险控制和内部控制的效率：通过信息系统的集成和自动化控制，企业可以提高风险控制和内部控制的效率，减少人为错误和操作风险。

③实现风险管理与内部控制的信息共享：通过信息系统的集成，企业可以实现风险管理与内部控制信息的共享和传递，提高信息的及时性和准确性，增强风险管理与内部控制的协同效应。

④增强风险管理与内部控制的透明度：通过信息系统的记录和追溯功能，企业可以提高风险管理与内部控制的透明度，方便监控和评估，提高内部审计和外部审计的效果。

（2）信息技术的应用案例。

①大数据分析在风险管理中的应用：通过对大量历史数据和实时数据的分析，大数据技术能够识别出潜在的风险模式和趋势，帮助企业提前预防和控制风险。例如，某金融机构通过大数据分析，发现客户信用风险的潜在指标，提前采取相应的控制措施，有效降低了信用风险。

②人工智能在风险评估中的应用：通过机器学习和深度学习算法，人工智能技术能够从大量数据中学习和预测风险，提供智能化的风险评估方案。例如，某制造企业通过人工智能技术，预测生产过程中可能出现的设备故障风险，提前采取预防措施，减少了生产停工时间和损失。

③区块链技术在供应链风险管理中的应用：通过区块链技术的去中心化和不可篡改特性，企业可以提高供应链的透明度和数据安全性，降低供应链风险。例如，某跨国公司通过区块链技术，追踪供应链中的产品流动，确保产品的真实性和质量，提高了供应链的稳定性和可靠性。

5. 未来研究方向

（1）深入研究风险管理与内部控制的整合模式：未来的研究应进一步探索风险管理与内部控制的整合模式，特别是如何通过信息技术手段实现两者的有机结合，提高企业的风险抵御能力和管理水平。

（2）加强实证研究支持：未来的研究应加强实证研究，通过大规模的实证研究，全面、客观地反映企业的实际情况和需求，提供更加科学和有效的风险管理与内部控制方案。

（3）探索信息技术在风险管理与内部控制中的应用：未来的研究应进一步探索信息技术在风险管理与内部控制中的应用，特别是大数据、人工智能和区块链等新兴技术的应用，提高风险管理与内部控制的智能化和自动化水平。

（4）研究风险管理与内部控制的文化建设：未来的研究应关注风险管理与内部控制的文化建设，通过企业文化建设，增强员工的风险管理与内部控制意识，形成良好的风险管理与内部控制氛围，提高企业的整体管理水平。

（5）国际化风险管理与内部控制研究：随着全球经济一体化的发展，企业面临的风险日益国际化。未来的研究应关注国际化背景下的风险管理与内部控制问题，探索跨国企业的风险管理与内部控制模式，为企业提供国际化的风险管理与内部控制方案。

四、研究内容与研究方法

（一）研究内容

基于风险管理的企业内部控制研究涵盖了理论与实践的多个方面，其主要内容包括：

1. 风险管理与内部控制的理论基础

（1）风险管理的基本概念与框架。风险管理的理论基础包括对风险的定义、分类和管理框架的全面理解。风险管理的过程通常包括风险识别、风险评估、风险控制和风险监控等阶段。

（2）内部控制的基本概念与框架。内部控制的理论基础涵盖了内部控制的定义、目标、原则和组成要素。内部控制框架详细说明了控制环境、风险评估、控制活动、信息与沟通，以及监控五个组成部分。

（3）风险管理与内部控制的关系。通过理论分析，探讨风险管理与内部控制的相互关系和整合的必要性。内部控制是风险管理的重要组成部分，两者相辅相成，共同构建企业的风险防控体系。

2. 风险管理与内部控制整合的模式

（1）风险导向的内部控制框架。提出风险导向的内部控制框架，将风险管理嵌入内部控制体系中，确保企业的内部控制能够有效识别和控制各种风险。

（2）风险管理与内部控制的融合路径。探讨风险管理与内部控制在实际操作中的融合路径，包括流程整合、信息系统整合和组织架构整合等方面。

3. 案例分析

（1）典型企业的案例选择。选择具有代表性的企业作为研究案例，这些企业在风险管理与内部控制方面具有一定的成就和特点。

（2）案例企业的风险管理与内部控制实践。详细分析案例企业在风险管理与内部控制方面的具体实践，包括其风险识别、评估、控制和监控措施，以及内部控制制度和流程的设计与实施。

（3）案例分析的结果与讨论。通过案例分析，总结成功经验和失败教训，验证提出的风险管理与内部控制整合模式的有效性和可操作性。

4. 对策建议

（1）提升风险管理与内部控制水平的具体建议。基于理论分析和案例研究，提出提高企业风险管理与内部控制水平的具体建议，包括优化流程、加强培训、引入信息技术等方面。

（2）风险管理与内部控制整合的实施方案。制定实施方案，指导企业如何具体实施风险管理与内部控制的整合，提高企业的风险防控能力和管理水平。

（二）研究方法

为了系统、全面地探讨基于风险管理的企业内部控制，本研究主要采用以下五种方法。

1. 文献综述法

通过对国内外相关文献的系统梳理和综述，了解风险管理与内部控制的研究现状和发展趋势，总结现有研究的成果和不足，提出研究问题和假设。

2. 案例分析法

选择具有代表性的企业作为研究案例，深入分析其在风险管理与内部控制方面的具体实践，通过案例分析验证理论假设和研究模型，提炼成功经验和失败教训。

3. 比较分析法

对比不同企业在风险管理与内部控制方面的做法和效果，提炼共性和特性，总结出普遍适用的管理模式和方法。

4. 问卷调查法

设计问卷，进行大规模的企业调研，收集企业在风险管理与内部控制方面的实际情况和需求，通过统计分析验证理论假设和研究模型。

5. 实证研究法

通过实证数据的收集和分析，验证理论假设和研究模型，确保研究结论的科学性和可靠性。

第二章

企业风险管理

第一节　企业风险管理的目标与必要性

一、企业风险管理的目标

企业积极推进风险管理，其目的是什么？首先，企业采取的所有战略和措施，都要与企业发展的整体目的相适应，在制定企业的风险管理目标时，也要以此为基础，将企业的风险管理目标看作是企业发展总战略的一个子目标，它有着自己特殊的位置，它是为了满足企业发展总目标的需要而存在的。其次，要明确地反映出企业风险管理的价值取向。下面列举了企业在经营过程中通常所包含的各种价值导向。

（一）支持企业长期可持续性发展的目标

在众多的企业发展愿景中，风险管理目标独树一帜，其核心任务是促进企业的长期稳定繁荣。这门"商业防御学"构成了企业稳健前行的基石，是确保企业健康成长和持久发展的不可或缺的体系化管理工程。提到企业的可持续发展，直观的理解即企业先要保全自身，然后才能寻求持续增长。企业需从风险管理中汲取"保值与增值的智慧",学习其中蕴含的"生存之道"。这其中包含的风险预控技巧、维持业务持续性的策略、风险文化的精髓,以及风险管理应对措施,实际上是为企业的长久健康发展提供坚实的支撑,并铸就企业抵御风险能力和持续发展能力的根本。

(二)将风险控制在可接受范围内的目标

确保企业整体风险状况维持在可接受的水平,以达成经营目标,这要求我们设定关键风险的容忍度阈值,并据此建立严谨的管控策略。每个部门、每个业务领域或项目都应有具体的风险承受边界。显而易见,事先对可能阻碍目标达成的风险实施管理与控制,是提升目标实现可靠性的关键。总的来说,企业通过各种有效且适当的途径,针对特定目标防控潜在风险,这是风险管理基础使命所在,也是企业必须投入的基本努力。风险管理围绕目标展开,使企业更具针对性,不再视其为孤立、神秘或超出现实的问题,而是与当前企业管理现状深度融合,为企业目标的实现提供系统化的支撑手段。

(三)风险与机会、成本与风险收益最优化的目标

风险与机会、成本与风险收益构成了企业风险管理的核心目标,其宗旨是警示企业,机会往往与风险并存。深化对风险的认识是提升把握机遇能力的关键,唯有如此,才能增强抓住机遇的成功预期。忽视风险的追求无异于盲目冒险,而以风险为考量,机遇的捕捉则能带来更大的胜算。同样,如今我们对风险的理解加深,使得计算风险成本变得实际,理解风险收益也更具价值,这些都使得相关决策更加明智和精确。

(四)提高企业应变能力的目标

"革新"的本质蕴含着双面性:它孕育着潜力,并且伴随着潜在的不确定风险。我们已经阐述了把握革新机遇的重要性,但有效管理变革中的风险需倚仗严谨的风险管理策略和手段。例如,预测和模拟技术在风险管理中发挥关键作用,它们能提前揭示潜在的转变迹象;预警系统犹如一道防盾,及时预示可能出现的问题。商务连续计划则是对突发不利变化的即时应对机制。因此,企业通过在风

险管理中精进和优化的方法和技术，构建了稳固的适应性框架，使其在全球瞬息万变的环境中保持灵活应变的能力。

（五）提升企业核心竞争力的目标

企业核心竞争力的构成元素涵盖了核心产品优势、关键资源的竞争力、持久的竞争地位、创新能力，包括开发新产品和新市场的技能、捕获新机遇的敏锐度，以及维持市场稳定性和保持客户忠诚度的策略掌控。在新经济环境下，随着企业转向企业风险管理（Enterprise Risk Management，ERM），这些要素的涵盖范围得到了扩展。企业风险管理能力的出现，成为核心竞争力内涵的关键组成部分，甚至重塑了企业竞争力的整体架构。

提升企业风险管理能力有助于深入理解风险。各个企业在风险认知上的差异，使得具备深入风险管控能力的企业可以利用风险管理技术来强化核心产品的市场地位，这种现象在对风险敏感的行业中，如金融业，尤其普遍。以银行业为例，新产品开发常运用风险评估或模拟技术，像一些在过去二十年中迅速成长的全球性银行，如信孚银行，其成功在很大程度上得益于风险管理的先进技术。

在企业风险管理（ERM）理念与实践的演进中，众多大型组织逐步构筑并强化了风险管理机制。这些企业通过提升风险管理水平，在增强核心商品市场影响力（包括降低风险负担）、掌握风险与捕捉机遇、以风险为导向的产品创新，以及维持及扩展市场份额等关键领域，展现出前所未有的优势。基于风险管理技术的专业特性、保密需求、高昂成本与独特价值，具备风险管理能力的企业相较于那些缺乏此能力的企业，获取了额外的竞争优势资源。换言之，拥有一定程度风险管理能力的企业已构建起一种独特的核心竞争力与防御屏障。不难看出，构建企业风险管理能力已成为 21 世纪企业构筑核心竞争力的关键要素。

（六）支持提高企业绩效最优化的目标

提高企业绩效最优化的目标在风险管理能力不断提升的过程中得以实现。要评估风险管理如何作用于企业绩效，首要条件是企业具备衡量整体风险程度的能力，这是企业风险管理能力成熟的重要标志。通过风险管理来驱动业绩提升，实质就是"管理风险以创造价值"，旨在确保在预设的风险容忍度内，增强企业的整体预期收益，并维持收益的稳定，以满足股东的期待。

自 20 世纪 90 年代后期，企业风险管理（ERM）的研究与应用开始密切关联到绩效优化。事实显示，风险管理确实能促进企业的盈利能力及业务增长。现在，将风险管理纳入企业业绩综合评估的做法已很普遍。具体包括：一是利用风险管理技术辅助产品定价决策；二是量化风险成本对绩效的效应，考虑到高收益通常伴随着高风险，需对收益进行风险调整；三是通过敏感性分析衡量风险变化对企业业绩的影响，以减少收益波动；四是评估不同风险策略对业绩的后果，以选择最优策略；五是将风险管理与关键业绩指标相结合，有的企业会在平衡计分卡上为每个关键指标标注风险图，以便采取应对措施；六是近年来许多企业开始运用风险调整后的资本回报率来指导重大战略决策，如并购，同时，经济增加值模型等也被广泛应用于优化企业绩效的目标中。

二、企业风险管理的使命和任务

（一）企业风险管理的使命

詹姆斯·林，作为亚洲风险与危机管理协会的名誉会长，阐述了企业全面风险管理的三个核心任务：弱势减缓、不确定性治理和绩效优化。

第一，弱势减缓策略。自 20 世纪中叶，传统风险管理主要关注消极风险的防范，初期侧重于防御性损失的控制，至 20 世纪 80 年代演变为弱势的系统性降低。这种防御性的理念构成了风险管理至今的基本框架。

第二，应对不确定性。随着 20 世纪 70 年代后期全球经济一体化的加深，市场的不确定性显著增加，包括石油价格、汇率波动和通货膨胀等风险因素。这些变化促使投资者、企业和研究机构更加重视不确定性管理的研究和投入。衍生工具和保险产品成为对冲不确定性的有效工具，而 20 世纪 90 年代后期先进的科技手段则进一步强化了不确定性分析和预测能力，大大推动了风险管理的应用。

第三，绩效优化管理。风险管理不仅巩固了企业的防御体系，还能助力提升盈利能力和绩效。进入 20 世纪 90 年代末，企业开始将风险管理融入日常运营，并运用风险调整后的资本回报率等指标评估盈利能力，为关键的战略决策提供依据。

显而易见，这三个任务各有特色，相互补充，共同体现了风险管理在保障企业资产安全、增进价值和优化决策方面的广泛影响力，总体上驱动着企业实现最优决策和价值最大化。

（二）企业风险管理的任务

在企业风险管理框架下，三个核心领域构成了其职责，这些任务通常由不同角色的人员在各自职能范围内执行，鉴于各种风险类型的独特性质，尤其是处理投机风险与纯粹风险所需技能的显著差异，各风险负责人之间的专业知识交流往往具有挑战性。因此，要实现全面的企业风险管理必须由风险责任人领导的不同风险管理工作组进行有效分工、合作和联合行动，并需风险管理部门的系统指导和整合来推动。

1. 第一层次（具体任务）：专注于管理纯粹风险

由风险责任人主导，风险管理部门提供指导。

（1）持续创新纯粹风险的管理方法和技术，采取各种策略减轻损失。

（2）从风险相关性和企业风险管理的角度提高对纯粹风险的识别和控制能力。

2. 第二层次（具体任务）：管理盈利性的投机风险

同样由风险责任人负责，风险管理部门指导。

（1）确定并识别对企业有益的风险机会。

（2）在风险管理策略和资源配置上支持能增强企业盈利能力的活动。

3. 第三层次（综合任务，融合第一层次和第二层次）：综合性风险管理

由董事会批准，管理层执行，风险管理部门实施（或由风险管理委员会管理，或由特定部门兼职管理），风险责任人提供支持，全体员工参与。

（1）明确企业风险管理的总体目标。

（2）设立风险管理的组织架构，明确各角色的责任。

（3）协调各部门和业务单元设定风险管理的分目标。

（4）在企业层面对纯粹风险管理和投机风险管理工作进行整合和协调。

（5）识别可能影响企业目标达成的风险因素。

（6）确定并管理企业层面的关键风险，运用风险管理策略应对关键风险。

（7）不断提升对关键风险的量化评估能力。

（8）发现过去未被识别或无法识别的重要风险，并对其进行有效管理。

三、企业风险管理的必要性

事实证明，所有企业均无法规避风险，风险作为一种现实现象普遍存在。然而，成功的企业往往借助全面的风险管理体系，得以防范潜在威胁，或将风险降至最低，仅遭遇轻微困扰或无大碍的冲击，仍能保持正常的运营、成长和进步。风险管理的核心并不在于彻底消除风险，因为这将白白错过获取收益的可能性。真正的风险管理应当专注于风险的管控，降低不可避免风险的发生概率和潜在损害，并且捕捉并利用投机风险可能提供的机遇，尽可能避免其所带来的负面效应。

（一）风险管理有助于企业做出合理的决策

首先，风险管理扮演着界定企业活动范围的角色，抑制其过度扩展的倾向。作为市场经济中的参与者，企业必须在风险与回报之间进行理性的抉择，以防将宝贵的资源错误地配置到高风险且实施性低的项目中。它对市场行为者起到警示和规范的作用。其次，风险管理同样帮助企业捕捉市场潜力。通常情况下，市场风险具有两面性，既包含可能的损失，也蕴藏着潜在的利益。因此，市场的固有风险无时无刻不在创造新的可能性。如果企业能够精确地洞察市场动态，理解供需关系，以及影响市场的各种要素，预测市场的发展走向，并且果断地采取合适的策略来管理和预防风险，同时不失时机地抓住机遇，就有可能实现显著的收益。

（二）风险管理可以降低企业效益的波动

风险管理的核心任务之一是减弱企业对环境变量的反应程度，尤其是对经济价值和股市表现的影响。例如，一个市场风险管理得当的企业，其股票价格对市场整体波动的反应会相对温和，即使市场普遍下滑，企业的市值也不会出现巨大的损失。再者，拥有外汇资产或负债的公司，如果风险管理执行得力，其外汇资产的估值、收入或负债成本对外汇汇率变动的敏感度也会降低，这些观察结果均得到了实证支持。简而言之，通过有效的风险管理，企业能够更好地抵御利率、汇率、能源价格等市场因素导致的盈利不确定性。

（三）风险管理可以提升股东价值

实施风险导向股东价值提升计划的企业普遍认为，有效融合风险管理和业务优化能够提升企业价值，增幅可达 20%~30%，此观点有实证研究为证。1998年，乔治·阿莱亚斯（George Allayannis）和詹姆斯·韦斯顿（James Weston）在弗吉尼亚大学的研究对此提供了佐证。他们对比了 1990—1995 年积极参与市场风险管理的企业的市价与账面价值比率，结果显示这类企业的市值平均提升了20%。风险管理不仅有助于单个企业增益，也可以通过减少资本成本和商业不确定性的降低，促进整体经济的稳健发展。

（四）风险管理有助于提高企业机构效率

许多企业设有专门的风险管理结构，包括财务部门、审计部门和合规部门等，有的甚至设立了特殊的风险管理部门，如投资银行中的市场风险管理部门或能源公司的商品风险管理团队。这些高层次的配置，如风险总监的设置和全面风险管理功能部门的建立，确保了自上而下的协调，有利于各个部门对单一风险和复杂风险组合的有效管理。

同时，随着市场规范和制度框架的不断强化，社会对企业实施风险管理的期待也在不断提升。这种压力源于关键的利益相关者，包括股东、员工、信用评级机构、市场评论家和监管机构。他们寻求更稳定的收益预期，以降低自身风险并减轻对市场的潜在冲击。

近年来，伴随着经济建模技术和计算机模拟技术的飞速进步，波动性为基础的模型，如风险价值模型和风险调整后的资本回报率模型，已被广泛用于量化市场风险，并逐渐扩展到信用风险和运营风险的评估中。

第二节　企业风险管理的发展阶段

自古以来，人类始终在与风险的挑战中不断前行。随着社会演进的步伐，风险的形态和规模持续演变，人类对风险防范的认识也在不断提升，应对策略日臻丰富。20世纪中期，风险管理在美国被正式确立为一门综合性的管理学科，并迅速引发了全球性的风险管理浪潮。这一现象是生产力和科技发展到特定阶段的自然结果，宣告了现代风险管理纪元的开启。企业风险管理经历了四个主要阶段：安全生产阶段、保险阶段、资本结构优化阶段，直至目前的企业全面风险管理阶段。

一、安全生产阶段

早在20世纪前期，亨利·法约尔就洞察到风险管理在商业实践中的核心地位。他将工业运营划分为六个关键领域，其中之一即确保安全的职能，这可被视为早期的企业风险管理理念。这个职能旨在保护公司的资产和员工免受诸如盗窃、火灾、劳工冲突、洪水等事件的影响，以及任何可能危及公司成长和存续的潜在威胁。它通常涵盖一系列旨在维护工作环境安全的措施，以确保员工能够在无虑的环境中履行职责。

二、保险阶段

在20世纪50年代中叶，"风险管理"这一概念在美国学术界崭露头角并引起广泛关注。其中，1956年，拉塞尔·B.加拉格尔（Russell B.Gallagher）在《哈佛商业评论》上发表的文章堪称早期的重要文献。文中，他提出了一项创新性的理念，主张组织应设立专职人员来应对纯粹风险，即将风险管理任务专项化，在大型企业中，这类角色可称为全职风险经理。那时，一些大型公司已设有类似保险经理的职位，其职责主要是评估和维持企业购买的综合保险套餐。随着企业规模的扩张，保险采购功能逐渐演变为内部的专业职能。1931年，美国管理协会

（American Management Association）设立了保险分会，旨在促进会员间的信息交流，并发布关于全面保险购买者的资讯。紧接着，1932 年纽约成立了保险购买者协会，随后在 1950 年，美国保险购买者协会成立，最终发展为美国保险协会。

三、资本结构优化阶段

随着对管理科学的深入理解，包括运筹学、计量经济学和统计学等工具的应用，学术界逐渐对传统理论中保险的核心地位产生了质疑，并积极构建新的理论以应对这一转变。一些企业采纳了资产配置策略来应对投资风险的分散化。资产组合理论主张通过将资金分配到多元化的投资组合中，可以显著降低风险，这与广为人知的"不把所有鸡蛋放在同一个篮子里"的原则相吻合。

四、企业全面风险管理阶段

至 20 世纪 80 年代末期，风险管理不再仅仅是规避损失，而是被期望能带来经济效益，从而诞生了基于风险的资源分配和绩效评估方式，旨在最大程度地减少经济损失。特别是在 2008 年源自美国次贷危机的全球金融危机之后，企业面临的各种风险日益增多，影响程度和发生频率显著增加。风险管理流程的不足导致了重大的金融损失和众多企业的破产。这些失败的根本原因在于风险管理的不充分，因此，全面风险管理开始受到广泛关注。

全面风险管理是指企业在追求未来战略目标的过程中，由董事会和管理层实施的一种策略，旨在将市场不确定性的影响限制在可接受的范围内。它是管理层建立的风险管理体系，涵盖了企业的运营和财务报告过程，属于内部管理的范畴。

2008 年 11 月，国务院国有资产监督管理委员会下发通知，要求中央企业加强全面风险管理。通知指出，企业应以可持续发展理论为指导原则，深入分析市场环境变动对企业运营及财务状况的潜在长期效应，积极应对各类风险挑战，并将风险管理视为日常运作的核心要素。各中央企业需强化领导层责任，由高层管理者直接主导，确保所属单位全面深入实施风险管理活动，确保风险管理职责逐级到位，以促进企业长期稳定和持续发展。

文件进一步强调，企业应集中资源于关键风险领域，构建完善的风险管理体系，逐步提高风险管理效率。企业需根据自身具体情况，优先解决经营管理过程中的核心问题，重点关注重大风险、决策与事件管理，以及核心业务流程的内部控制，不断优化内部风险管理体系，切实提升风险预防和处理能力。同时，中央企业需在集团及其下属机构内明确风险管理职责，构建高效的风险管理组织架构，重视风险管理文化培育，逐步提升全面风险管理的整体效能。

第三节　企业风险管理组织体制

构建企业风险管理架构是一项精细且具挑战性的综合任务，为了有效地达成风险管控目的，企业需设立一个特定的架构来详细规划风险管理的全过程，以确保监督和管控的实效性。风险管理机构即通过设定相应的组织架构和职责关系，促进企业各部门及成员之间的协同作业，以此保障风险管理目标的顺利实现。此机构在全面风险管理中扮演着至关重要的角色，并且是风险管理成功执行不可或缺的前提条件。

一、风险管理组织结构

企业能够依据自身的规模和组织架构建立相应的风险管理体系。对于小型和中型企业，无须设立独立的风险管理机构，相关职责可由特定人员，如总经理或部门经理，全权负责风险管理工作，同时确保各部门执行操作并及时反馈信息。而对于大型企业，由于其复杂的内部结构、生产流程，加上信息交流的挑战，以及各部门可能存在的业绩追求倾向，通常会面临比中小企业更为复杂多样的风险。因此，大型企业通常会设立专业的风险管理部门，并配置专职的风险管理人员，以构建其全面的风险管理框架。

二、风险管理组织结构关系

（一）董事会

董事会担当着企业核心职能，掌控重大资本投入及日常运营决策，并执行严密的监管职责。其权责直接向股东大会报告，并对财务亏损负有责任。因此，董事会需执行高效的风险管理，监控并评估公司的整体风险状况，以保证公司承受的风险保持在可控和可接受的界限内。

（二）风险管理委员会

通常，企业会设立一个隶属于董事会的专业团队，即风险管理委员会，为董事会提供独立的支持与协助。该委员会的构成需经董事会决定，由四位非执行董事构成，并指定其中一人担任委员会主席。此外，风险管理部门及各业务部门的负责人也可能参与其中，以便有效处理日常风险管理任务，并定期向董事会汇报相关风险状况。

风险管理委员会的核心任务包括：设计适宜的公司风险管理流程，确保全面管控风险；创建独立的风险管理单元，负责风险的量化、管控和报告；确立风险评估机制；推动各项内部风险管理措施和政策的执行；以及定期评估风险水平。

（三）风险管理部

作为风险管理委员会的核心部门，风险管理部在结构上独立运作，它在执行风险管理时保持着与各部门及高层决策者的分离性。其核心任务包括高效地处理风险管理的各个环节，如收集、筛选并整合相关数据，确保信息流畅，定期编制并提交详尽的报告。该部门还担当着剖析企业多元风险的关键角色，制定适应性的风险管理策略和标准。对于各部门在风险管控中遇到的挑战，风险管理部积极实施动态调整和优化，实时监控风险态势的变化，并将所有重要风险动态通报给风险管理委员会，以保持全面且即时的决策支持。

（四）各业务职能部门

各业务职能部门担当着风险管理策略的实际实施者角色。企业可依循各部门的特性设立风险管理团队，此团队依据公司的整体风险管理策略来制定部门内的具体风险管控方针，规划部门的风险管理实务操作，严格执行由风险管理部指派的相关任务。他们负责辨识、评估、处置本部门的风险，并且进行持续的监控与评价，确保将风险状况的更新及时报告给风险管理部门。

（五）首席风险官

针对那些身处高风险行业、频繁面临挑战的企业，可以考虑设置首席风险官这一职务，以满足公司的实际需求。此职位的汇报对象为董事会的风险委员会及 CEO。主要职责包括：支持风险委员会履行其既定职责；依据公司的风险管理理念，建立并保持企业风险管理机制的运行；保证各业务部门的 CEO 具备相应的风险管理权限及对各自领域的管辖；确保风险管理功能在各个业务部门中有效运作，及时发现并妥善处理重大风险；定期向风险委员会报告风险管理的现状；推动企业风险管理框架至 CEO 和各业务部门领导，并协助其纳入运营计划和持续报告体系；同时，要保障风险管理能力在所有业务部门及整个企业内部的不断发展和巩固。

第四节　企业风险管理的基本程序

为了使企业避免风险的困扰，并以最小的成本降低风险，风险管理人员在风险的管理过程中必须遵循一定的程序。这一程序包括以下几个步骤：风险识别、风险衡量、风险处理、风险检查和风险评价。

一、风险识别

（一）风险识别的概念

风险识别作为风险管理的初始阶段，是持续性地揭示企业所遭遇的风险类型、成因及其影响的体系化过程，它是有效应对风险的基础。可以说，风险管理工作成功与否，关键在于风险辨识的质量。若无法准确地辨识风险，便无法得知企业所面临的具体威胁和可能出现的风险状况，进而错失适时且高效控制风险的良机，也无法采取有效的风险应对措施。

风险识别即对企业当前未显现的各种潜在风险进行系统的分类和剖析，以暴露并理解这些隐藏风险的本质和可能产生的后果。其核心任务是辨别并理解企业所面临的风险类别，以及它们可能引发的严重影响。

（二）风险识别的方法

要全面揭示企业的潜在风险，需要对公司的各个方面进行深入细致的研究。这涉及了解可能的风险源和预测可能的风险类型，从而做出精确的风险评估。

1. 实地考察法

实地考察法侧重于观察企业的日常运营和财务操作，以揭示企业可能遭遇的各种风险。

2. 财务报表评估法

财务报表是识别企业风险的重要途径，通过资产负债表、利润表和现金流量表等资料，运用水平分析、垂直分析、趋势分析和比率分析等技术，识别当前风险并预警未来可能出现的问题。

3. 典型案例研究法

这种方法借鉴历史案例，通过对比类似的风险管理经历，提炼策略和教训，例如，基于过去的信用销售记录预测现金流风险。

4. 集体智慧法

通过与企业各部门的沟通，收集各方对风险的看法，风险管理人员整合这些信息，进行综合分析，以便全面理解企业风险状况，同时增强部门间的协作。

5. 德尔菲法

德尔菲法是一种专家调查法，通过匿名通信的方式，反复征求专家意见，直至达成共识，以确定潜在风险。

6. 业务流程审查法

此方法涉及绘制企业经济活动的流程图，详细检查每个步骤，找出可能隐藏风险的薄弱环节，便于重点管理和分析。

每种风险识别方法都有其特点和适用场景，企业应根据自身环境和风险管理需求，灵活选用一种或多种方法组合应用。

二、风险衡量

在识别了风险后，下一步就是风险衡量，即衡量风险对企业的影响。

（一）风险衡量的概念

风险衡量又称风险评估，是运用现代表达方式，无论是定性的手段还是定量的手段，来预测和估算某一风险事件出现的可能性以及其潜在损失的程度。此处，可能性指的是在特定时间内风险事件可能出现的概率，而损失程度则关注的是单次事件可能造成的损害范围，即损失的财务数值。

（二）风险衡量的方法

1. 定性方法

风险衡量定性方法涉及风险专家利用从风险识别阶段收集的数据，通过特定的分析技术对信息进行深入解析和整合。这种方法旨在评估风险事件发生的可能性以及可能造成的损失严重性，这两点对于决策者选择适当的风险应对策略及制定风险管理决策至关重要。

企业风险定性评估方式可以将企业风险概率表示为"很小""中等""较大"，企业风险导致的损失大小也相应地划分为重大损失、中等损失和轻度损失，这样可以在如图 2-1 所示的企业风险等级图的坐标系中对风险进行定位。企业应该针对不同的企业风险采取对应的处理策略。

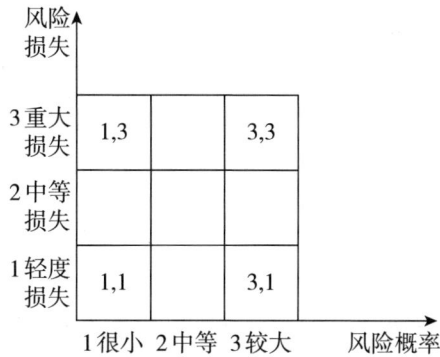

图2-1　企业风险等级

2. 定量方法

风险衡量可以通过运用精简的模型来估算在特定风险水平下的预期收益，整合了情境分析与数据处理。企业面临的风险事件具有不可预知性，这在概率理论上被定义为随机事件，其出现的概率是衡量风险的关键指标。于是，定量的风险评估策略就是计算不同概率条件下的损失或收益，并对这些结果进行对比分析。

第一步，分析可能出现的各种情况，并且根据所掌握的信息及有关资料和经验，估算每种情况出现的概率。

例如，某公司拟投资开发新项目，经分析可能出现三种情况（良好、一般和较差），并估算出其相应的概率分布。同时，针对相同的投资额，提出了 A、B 两个可供选择的方案，有关数据见表2-1。

表2-1　拟投资开发新项目的基本情况

投资环境	概率	A方案预期收益（万元）	B方案预期收益（万元）
良好	0.3	80	120
一般	0.5	60	40
较差	0.2	40	-20

第二步，计算每个方案的收益期望值 E（x）。

收益期望值是按照概率分布计算的加权平均值，它反映了一个投资项目的预期收益。期望值越大，表明预期收益越大；反之，则越小。收益期望值的计算公式如下：

$$E(x) = \sum x_i \times P_i$$

式中，$E(x)$ 为收益期望值；x_i 为第 i 种情况的预期收益；P_i 为第 i 种情况发生的概率。根据公式可计算出方案 A 和方案 B 的收益期望值如下：

方案 A 收益期望值 $E(x_A)$ =0.3×80+0.5×60+0.2×40=62（万元）

方案 B 收益期望值 $E(x_B)$ =0.3×120+0.5×40+0.2×（-20）=52（万元）

第三步，计算每个方案收益的方差和标准差。

收益的方差（S^2）和标准差（σ）两者都是反映不同风险条件下的实际收益和收益期望值之间偏离程度的指标。方差或标准差越大，说明事件发生结果的分布越分散，投资收益波动越大，投资风险越大；反之，则越小。

方差与标准差的计算公式如下：

$$S^2 = \sum P_i \cdot [x_i - E(x)]^2$$

$$\sigma = \sqrt{\{\sum P_i \cdot [x_i - E(x)]^2\}}$$

根据上述公式分别计算方案 A、方案 B 的方差和标准差为：

方案 A 的方差 =0.3×（80-62）^{2}+0.5×（60-62）^{2}+0.2×（40-62）^{2}=196

方案 A 的标准差 =14

方案 B 的方差 =0.3×（120-52）^{2}+0.5×（40-52）^{2}+0.2×（-20-52）^{2}=2496

方案 B 的标准差 ≈ 49.96

第四步，计算每个方案的变异系数，并根据变异系数来判断各个方案期望收益下的风险程度。

方差和标准差虽然能表明风险的大小，但是它们不能用于不同方案风险程度的比较。因为在方差或标准差相同的情况下，收益期望值不同，风险程度也不同。变异系数是指标准差与期望值的比例，即

变异系数 =（标准差 / 期望值）×100%=[σ +$E(x)$] ×100%

计算方案 A、方案 B 的变异系数如下：

方案 A 的变异系数 =（14/62）×100% ≈23%

方案 B 的变异系数 =（49.96/52）×100% ≈96%

变异系数越高，表示风险程度越大；反之，则越小。通过方案 A、方案 B

的比较可以得出，方案 B 的投资风险高于方案 A 的投资风险。

企业风险衡量除了可以借助概率定量度量，还可以根据不同的风险，采用其他方法，如盈亏平衡法、决策树法等。

三、风险处理

在风险识别、风险衡量之后，风险管理专业人员需采取切实且高效的策略来应对风险。风险应对是在辨识和量化风险的前提下，针对企业所面临的潜在风险因子，主动实施管理手段，旨在消除或减弱风险源，或者降低其可能造成的损害程度。

一般风险处理的方法有风险规避策略、风险转移策略、风险控制策略、风险自留策略。

（一）风险规避策略

风险规避是指在面对高度可能性且影响严重的商业风险时，若无其他应对策略，企业会选择主动撤销计划或调整项目目标和执行方案来避免风险。如果评估结果显示项目执行可能导致重大财务损害，而管理层又缺乏其他有效的风险控制手段，最佳选择可能是终止项目，以防更大的经济损失。然而，这种风险规避策略在排除风险的同时，也可能导致企业丧失可能的利益，并可能挫伤员工的积极性。因此，充分理解风险是决定采取此策略前的关键步骤。

（二）风险转移策略

风险转移的核心目标是借助各种策略和技术，将潜在的风险责任有效地分散给其他企业或个人来承担。在这一过程中，伴随着风险的转移，原本可能由自身承担的利益损失也随之转移。主要的风险转移途径包括三个方面：一是交易出售，即通过签订买卖合同，将风险责任转移到第三方；二是外包操作，这通常涉及从外部采购原料、服务或产品，以此方法将风险外化；三是投保与担保，其中，保险是最常见的做法，企业支付保费给保险公司，一旦发生预设的风险事件，即可得到保险赔偿，从而实现风险向保险公司的转移。

（三）风险控制策略

风险控制策略是一种预先设法削弱潜在风险概率，并在危机过后尽力缩减损失规模的策略。通常我们所说的预防性措施，即在风险尚未显现时就减少其发生的频率，这被称为风险前瞻性管理或风险防范，本质上是一种损失预防行为。相反，当风险已经发生后的应对举措，是为了减轻已造成的损害，这部分策略被称为事后风险管控或损失缓解。

1. 风险预先管控方法

预先防范涉及积极实施控制手段，旨在根除可能导致风险的各类要素，从而降低风险出现的概率。为了实现这一目标，可以考虑以下具体步骤：提升风险识别和评估的精确性，确保对预防风险有稳固的依据；通过科学分析风险源，尽可能阻止风险事件的发生，理想情况下是彻底消除风险因素；隔绝风险因子并强化员工的安全培训。

2. 风险事后应对策略

此策略主要针对事故后的情况，目的是减少损失的严重性。可能采取的行动包括风险救援、制定应急方案、风险隔离及从经验中学习。应当从风险事件的教训中汲取经验，降低损失，并探寻风险成因及演变的模式。通过这种方式，我们可以提升处理此类风险或任何其他风险的能力，真正实现全面风险管理。

（四）风险自留策略

风险自留策略指企业自身承担潜在风险导致的损失管理方式，它依赖于企业内部的财务调配来补偿损失。采用此策略后，风险管理专家需确保在损失发生时，有足够的资金修复损坏的资产，履行赔偿义务，保障企业的正常运营。

尽管有时风险自留可能是无意识或被迫选择，但许多时候企业是有意识或积极地将其作为风险管理策略的一部分。这源于多种考虑因素：自留风险的成本相对较低；能掌控赔偿过程；可将储备资金用于投资获取收益；也能避开保险带来的社会责任。然而，这种方法也存在缺陷：可能导致重大的经济损失；成本具有不确定性；可能引发企业内外部关系紧张。

本质上，风险自留策略是企业在无法避免特定风险或认为承担风险可能带来较大收益的情况下，主动接受风险及其可能造成的财务影响。通常情况下，这一策略应与风险转移和风险控制策略相结合使用。

四、风险检查和风险评价

（一）风险检查

在风险管理的实践操作之后，紧接着应开展对其实施成效的检查和评价。原因有两点：一是风险管理是一个持续变动的过程，风险环境时刻在演变，新风险可能层出不穷，而原有风险也可能逐渐消退，这意味着以往应对风险的方法可能无法适应新的局面；二是决策并非总是无懈可击，有时可能会出现误判。通过计划审查与评估，能尽早识别这些失误，并在它们导致重大损失之前采取修正措施。

（二）风险评价

风险评价的核心依据是效益标准，关注的是能否以最低的代价换取最高的安全防护。在特定的时间里，我们需要运用严谨的手段来判断风险管理策略是否最优，其成效是否最为显著。常用的评估公式为：

$$效益比值 = \frac{因采取该风险处理措施而减少的风险损失}{因采取该风险处理方案所支付的各种费用 + 机会成本}$$

若效益比值小于 1，则该项风险处理方案不可取；若效益比值大于 1，则该项风险处理方案可取。使得效益比值达到最大的风险处理方案为最佳方案。

第三章

企业风险控制

当前，鉴于市场经济环境的瞬息万变以及市场竞争的白热化，企业所面临的风险持续升级，对企业生存及进步构成了严峻考验。因此，掌握如何驾驭风险成为当代企业管理者不可或缺的技能。

第一节　企业风险控制的概念及理论

一、企业风险控制的相关概念

（一）企业风险的成因

企业的风险源头有多种因素，涵盖内部与外部，以及主观和客观条件。国内专家普遍认为，风险的来源包括自然环境、社会动态、经济条件、技术变革及人为判断等维度。按照这一理解，在市场经济的框架下，我们可以从企业和市场相互作用的视角，提炼出企业风险的主要来源，具体包含以下四个方面。

1. 市场环境变化的不确定性

企业风险的根源可追溯到市场环境的不可预知变化，主要涵盖四个层面：社会与政治的波动性、法规政策的模糊性、宏观经济的波动及自然环境的无常。

社会政治的不稳定性涉及政治、法律、道德观念和民族文化的演变。政治立场的对立、政治势力的角逐，乃至宗教信仰的冲突，可能导致社会动荡、冲突和政权更替，这些事件可能会中断企业的运营并破坏经营环境。同时，社会关系的变迁、制度创新和法规修订带来的不确定性，也为企业制造了风险。

政策的不确定性源于国家各级政府政策的变动，其广泛的影响范围使得政策的不确定性越大，潜在的风险越高。比如，在高通胀时期，政府可能会实施货币政策收紧，如提高利率或再贴现率，但若调控过度，可能就会导致经济急剧下滑，对企业构成威胁。

宏观经济的不确定性主要由经济政策调整和产业生产的变动引起。这包括但不限于产业结构的演变、GDP 增长、进出口规模与结构、就业薪资水平、利率和汇率等。汇率波动直接影响产品进口成本和出口收入，间接影响则更为深远，如人民币贬值可能导致进口商品数量增多，加剧与海外产品的竞争压力。

自然环境的多变性体现在自然界无法预测的动态变化上，自然灾害如同任性的小孩，难以捉摸，时而阳光普照，时而风雨交加，给人类带来无法预见的灾难。

2. 市场经济运行的复杂性

社会的经济运行涵盖生产、交易、分配及消费四大核心环节，其复杂性在市场机制下尤为凸显，常表现出无规律性，进而滋生风险与损失。从全局视野看，政府的经济策略和法规变动旨在追求整体效益最大化，但对单个企业而言，这可能蕴含潜在风险，如基础建设投资的削减可能冲击建材业。此外，经济调控机构和服务体系的职能转变和服务效能，也可能带有不确定性，例如，法律裁决错误或物流失误，都可能成为企业无法预见的灾难。

审视宏观经济层面，行业结构的动态变化带来原材料市场、产品市场和竞争环境的不确定性。消费者偏好的波动、替代品的涌现和互补品的短缺，都将左右市场需求的走势。

转向企业内部，人力资源、资金、物资以及供应链的任何环节出现问题，都可能导致经营失败。管理系统故障的发生位置、时间及方式难以预测，企业内部的诸多不确定因素，如战略定位、运营流程、质量变化、研发不确定性、信贷风险及行为不确定性等，这些因素相互交织，提升了风险的复杂度。

在全球经济一体化的背景下，世界经济的紧密联系已经成为大势所趋。这种全球化趋势既为企业开辟了机遇，也给企业带来了生存挑战。

总而言之，企业在制定经营策略时，需应对众多复杂且不确定的因素，其所带来的风险影响显著增强。如今的企业家需要兼顾国内外因素，并且分析实体经济和货币经济，既要关注盈利损失，也不能忽视资产和员工安全，既要处理眼前问题，也要预见长远影响，等等。

3. 市场主体的局限性

企业作为商品制造的核心，构成了市场的主要部分。市场主体面临多重限制，首先体现在认知的局限。鉴于自然界和社会变迁的无规律性、经济行为的复杂性，以及经营者本身的见识和技能的约束，使得他们无法完全精准预知外界环境的演变，因此风险总是难以避免。再者，他们对风险的管控能力也存在局限。有时候尽管认识到某些风险并做了预测，但由于技术限制和实力不足，可能无法采取积极措施进行预防和控制。比如，人类虽然能预测到飓风的来临，却无法消除它，只能被动地提前防备和事后救灾。

4. 市场商品的两重性

在《资本论》中，马克思认为商品价值与使用价值之间的固有冲突构成了市场风险的根本来源。他强调，只有那些满足社会需求的使用价值才能体现其价值，反之则无法获得认可。这种社会认可度通过使用价值在货币上的反映，即价格高低来体现。高价意味着广泛的社会认同，低价则表示认同度有限，甚至可能导致商品被市场淘汰。因此，解决商品的双重属性问题往往伴随着一次充满挑战的跨越。

每件商品自诞生就带有风险，随着商品经济的进步，风险的范围和复杂性持续增长，从局部影响演变为整体性问题。这是因为商品的价值与使用价值的内在冲突持续内外演变，与此同时，市场风险的性质、覆盖范围、时间和空间维度也在不断深化。在这个过程中，市场的组织形态也在逐步优化和发展，然而这样的发展常常伴随着严重的代价和市场风险的冲击。

（二）风险控制的含义

风险控制在风险管理学科中占据核心地位。作为管理活动的核心，它涵盖了规划、构造、指导、协作及管控等关键职能，旨在以最小的成本获取最大的效益，并且这些管理环节都遵循一定的规律。因此，尽管管控至关重要，但并不能孤立看待，计划、构造和其他职能都具有不可忽视的重要性。

众多国内外专家倾向于将风险管理的核心聚焦于控制。如英国的班尼斯特和鲍卡特在《实践风险管理》中定义风险管理为："识别和量化对企业资产和利润构成威胁的风险，并采取经济有效的控制措施。"克里斯蒂在《风险管理基础》中提出："风险管理是企业和组织为保护盈利能力和资产，对抗意外损失所采取的所有努力。"李剑峰在《企业经营管理风险决策》一书中指出，风险管理是经济实体通过识别、评估和分析风险，进而采用最经济的策略来控制风险，以最大程度减小潜在损失的过程。

从控制论视角出发，控制旨在使系统应对外部环境变动，优化系统性能并达成既定目标，通过主动调控实现这一目标。控制的核心与目标息息相关，既然预防风险与损失的实质是确保安全与稳定，控制策略便理所当然地成为了风险防范的关键环节，进而突显出风险控制在整体风险管理架构中的中枢地位。

鉴于风险管理的基本原则与风险控制方法之间存在紧密联系，乃至有时可视为同一概念的不同表述，基于此，我们对风险控制进行如下定义：经济实体在识别风险源、量化潜在损失的基础上，借助科学方法实施精确管理，目的是最小化经济损失的过程。

（三）企业风险控制的概念

企业风险控制是为了预先或在进程中探究合作伙伴的财务状况、信誉、资格及意图等多元信息，以评估合作的可行性和减轻潜在风险。它涵盖了信用评估、证据整合、情报分析、风险管理、危机应对，以及策略咨询等一系列服务功能。在具体实践中，这涉及生产运营风险管控、投资计划风险管控、技术研发风险管控、商业机密保护、合同规避风险，以及人力资源风险管控等多个领域。

借助专业机构提供的风险控制策略，企业可以有效减少运营损失，提升安全系数，增强成功的确定性，并最大化盈利潜力。这样的方案能提前识别并遏制可能的风险源头，真正做到未雨绸缪。

二、企业风险控制的相关理论

风险控制理论的诞生为企业风险及运营治理奠定了坚实的科学理论基础。其对风险管控体系组成元素的阐述和探讨，便于专业人士深入探究企业的风险管理体系。理论创新地将"无形因素"融入风险控制的研究，提升了理论的实践指导价值和实用性，从而使该理论在应对实际问题时展现出与众不同的解决策略和应用价值。风险控制主要涉及以下两大理论层面。

（一）假设理论

风险控制的效能往往依赖于一系列假设的成立，这意味着它在现实操作中可能受限于理想的状况。因此，当企业在实践中运用风险控制策略时，会遇到种种限制。例如，公司的各个部门在设计规章制度或规划时，难以预料到所有不可预知的因素，这可能导致在执行过程中出现无法通过风险控制理论来防范的突发状况。鉴于这些不足，企业若想让风险控制理论产生实际效果，要么需具备近乎完美的运营环境，要么需基于一定的前提假设，如单一实体假设、可管理性假设、人性复杂性的假设及非串通假设等。

（二）控制论

控制论的探索聚焦于那些由因果关系交织而成的体系，其中各元素间的互动被称为耦合。风险控制在这一理论的滋养下诞生，它依托于控制论的原理，采用一系列手段和规程，对企业的运营实施内部管控，以确保企业能够顺利实现预设的效益目标。控制论与风险控制之间存在着紧密的互动关系，相得益彰。控制论强调信息是整个调控机制的核心。有效的控制无法脱离信息及其间的沟通与流转，只有通过信息传递，控制系统才能达成其目的。因此，信息的流动构成了控制论的核心议题。一个公司可以被视作一个信息处理系统，在日常运营中转化和回馈各类信息。这个系统的主导者是公司的管理阶层，而风险管理在其指导下运作，监控并调整大系统内众多子系统及其相互作用。

第二节　企业风险控制的目标及意义

一、企业风险控制的目标

企业风险控制的核心旨在管理与缓解风险，防止和减缓潜在损失，确保企业的日常运营能够稳健展开。其目标可划分为损失发生前和损失发生后两方面。损失发生前的目标侧重于杜绝或降低损失出现的可能性；而损失发生后的目标关注在损失发生后迅速恢复正常的运营状态。

（一）损失发生前的目标

1. 经济目标

经济目标在风险管理中扮演着重要角色，它强调的是利用经济策略来预先应对潜在的挑战，促使风险管理人员精挑细选最高效且成本效益高的方法。实际上，风险管控需兼顾经济效益，即在风险浮现前，深入评估并比较各种风险防控设备及安全规划的成本效益，特别是保险和预防措施的财务投入。目标是在确保最大程度的安全保障的同时，通过最小化的管理成本，实现最优化的资源分配，从而间接提升企业的盈利能力。这种策略目的是通过经济而有效的风险管理，为企业利润的最大化保驾护航。

2. 安全系数目标

企业组织有责任确保环境安全，以消除员工的内心疑虑和恐慌，有效管理风险。风险的存在可能会导致物质损失和人身伤害的实际影响，也会产生强烈的不安和恐惧感。当员工感知到身边的潜在危险时，他们的心理压力就会增加，这反过来又会极大地降低其工作效率。如果领导者在面对决策时犹豫不决，企业可能会错失众多的发展良机。因此，企业在设计风险管控策略时，应兼顾提升员工的安全意识和为其提供充分的安全保障。

3. 合法性目标

风险管理者需紧密跟踪所有涉及业务运营的法规政策，确保每项商业行动和合同均符合法律要求，以防企业遭受财务、人力、时间和声誉的损害，从而维持企业活动的合法性。

4. 承担社会责任目标

企业的困境不仅影响自身，其股东、债权人、顾客、员工乃至所有相关个人和经济实体都会受到波及。在极端情况下，损失可能扩展至国家和社会层面。因此，风险管理应如同其他管理活动一样，严格遵循政府法规、相关规定及公共道德标准。此外，风险管理应全力推行灾害预防和损失减缓策略，竭力根除潜在风险，履行社会责任，担起必要的责任。

（二）损失发生后的目标

1. 生存目标

遭遇重大的经济损失后，企业的核心任务是保障自身的存续，因为生存是东山再起的基础。风险事件会导致损失和破坏，扰乱正常的经营和日常生活。风险管控为经济实体、家庭及个人提供经济上的救助，助力生产复苏和生活秩序的重建，使受损的企业和个人能迅速振作，恢复正常的运营和生活状态。

2. 持续经营目标

一旦遭受损失，企业运营可能被迫暂停，为了维护客户满意度，保住现有市场，企业需迅速重启生产。否则，竞争对手可能伺机侵占其市场份额。因此，保持业务连续性十分重要，企业应快速恢复常态的经营运作，以防市场地位受损。

3. 收益稳定目标

对于大部分投资人而言，一个能提供稳定回报的公司要比那些有潜在高风险的公司更具吸引力。稳定的收益是企业稳健运营的体现，为此，企业有必要加大风险管理的投入。

在遭受损失后，管理层首要关注的是此类事件如何影响公司的盈利能力。通常，每个企业都有一个最低收益率基准，作为评估项目可行性和设定风险管理策略的依据。有效的风险管理不仅可以保障企业的生存，确保日常运营的连续性，还能帮助企业迅速恢复到原先的利润水平。它能够及时修复生产流程，也能为企业提供额外资金，补偿风险事件造成的各种损失，从而有力地推动盈利状况回归至损失前的状态。尽管有时可以通过牺牲短期收入来维持经营，但在某些情况下，即使在生产活动未完全恢复时，企业也能通过其他非生产性渠道获取稳定的收入来源。

4. 持续发展目标

企业的运营宛如逆流而上的航船，停步就意味着倒退。任何犹豫不决的企业都可能目睹竞争对手无情地抢占其市场份额，将其逐步淘汰出局。风险事件一旦爆发，其引发的损失会对企业的发展势头造成沉重打击。

为了达成战略目标，管理层必须敏捷且高效地应对各种潜在损失，确保企业在遭受损失后能迅速获得补偿，从而为后续的企业成长奠定坚实基础。风险管理的目标不仅仅限于帮助企业从困境中求生，恢复原有的盈利能力，更应激励企业在危机过后奋起直追，实现经济的持续增长。这需要企业在资本、技术、设施和人力资源等多个层面拥有强大的实力支撑。

5. 社会责任目标

当企业遭遇重大挫折或灾祸时，其影响会波及员工、客户、供应商、债权人、税务机关乃至全社会。如果企业能迅速且妥善地应对这些风险事件，降低损失的负面影响，那么就能减缓对国家经济的冲击，保障相关个人和经济实体的利益，从而有助于企业履行其社会责任。

因此，执行风险控制的核心目标是尽量降低对企业外部环境和社会的整体不良影响。一旦实现这一目标，企业将赢得公众的好感，并塑造出正面的社会声誉。

二、企业风险控制的重要意义

风险控制在企业的运营策略中占有核心地位，会对企业的生命力和持续进步产生深远影响。在当前瞬息万变的商业领域中，企业所遭遇的风险日益丰富多元，涵盖了市场波动、信用问题、技术创新，以及运营过程中的各种不确定性。这些风险因素无一不对企业日常运作的稳定性和长远规划构成潜在风险。故此，构建一个全面的风险管理体系成为企业的当务之急。

（一）企业风险控制有利于保障生命财产的最大安全

事故的发生，除了造成实质性的财产损失和人员伤亡，还往往带来深刻的恐惧与不安，这极大地干扰了正常的生产运营效率。比如，一家钢铁生产企业，由于忽视了炼铁高炉爆炸风险的管控，导致爆炸事件，瞬间多名工人受伤，使得员工们陷入恐慌，损失极为严重。强化风险管控，营造安全稳定的工作环境，对于消除员工的担忧特别重要，也能避免大规模灾难性损失的影响。

（二）企业风险控制有利于降低决策的风险性

识别、评估和预测风险，并利用各种控制策略管理这些风险，对企业运营中的不确定性有显著的缓解作用，可防止管理不当造成的损失。明智的商业决策要求坚决抵消或掌控环境因素，否则可能会错失良机。例如，东风汽车公司在20世纪80年代初期率先提出与外资合作制造轿车的创新计划，但由于外部条件的制约，其行动慢于中国一汽和上海大众，最终错失了抢占市场的先机。

（三）企业风险控制有利于实现企业的经营目标

企业经营的核心目标是盈利，而实现这一目标的关键策略是提高收入和降低成本。有效的风险控制扮演了重要角色，它能以最低的花费限制潜在损失，直接促进企业经济利益的增长。此外，强化风险控制在追求经营目标的过程中不可或缺，它要求企业能够及时识别风险因素，消除运营中的阻碍，灵活调整市场战略，从而确保经营目标的顺利实现。

（四）企业风险控制有利于社会经济的稳定与发展

无数的企业构建了社会的根基，它们对风险的掌控促进了社会的整体繁荣。风险管理在防止损失、提升效率方面发挥重要作用，进而巩固国家实力，优化社会福利。它推动了经济单元更高效地运用资源，提升了社会资源利用率，避免或降低了风险造成的资源损耗。因此，风险控制对社会经济的持续稳定增长起到了很大的促进作用。

第三节　企业风险控制的特征及方法

一、企业风险控制的特征

（一）贯穿企业整个经营过程

风险管理在企业运营中并非孤立的事件，而是与日常管理深度融合的持续进程，这构成了一个互动的开放式循环系统。企业风险是伴随着企业的生存，无时无刻不存在的潜在的风险因素。因此，全面的风险管理是至关重要的。按照时间顺序，风险管理可分为前期控制、运行期控制和后期控制。前期和运行期的控制最为重要，可以有力地预防和减轻风险带来的损害。后期控制虽属亡羊补牢之举，但在风险已然发生的情况下，若采取合适的应对策略，仍可防止损失的进一步加剧。

（二）为企业的健康发展服务

任何组织的风控体系都无法彻底消除风险，其主要目标是降低风险事件出现的概率及减轻其潜在影响，确保风险处于企业可管理的范畴内。追求零风险是理论上的理想状态，在实际运营中并不现实。换个角度来看，风险与机遇共生，大的风险往往伴随着大的进步空间。作为市场经济的主要参与者，企业必须接纳一定程度的风险，以在严峻的竞争环境中维持生存。风险管理的最终目标是支持企业的战略目标，高效控制风险，并尽量避免风险管理不足造成的损失。我们不能因过度谨慎而放弃必要的进取，为了避险而忽视了推动企业发展的契机。

（三）制度与实施行为的结合

制度构建扮演着根基角色，而实际行动是实现目标的核心。精心策划的制度安排为企业的风险管理奠定了坚实基础，然而，真正的胜负常常是在执行环节。企业风险管理通常涉及对前线业务部门的各种规定和约束，因此在实践中遭遇误解或者程度不同的抵触是常有的事，特别是在构建风险管理体系的初步阶段，很多企业可能只是将风险管理停留在书面或电子文档的层面，导致实际操作困难，收效甚微。要想有效控制风险，企业需自高层至基层全面推行，各个岗位都需要严格执行，确保规章制度与实际行动能够深度融合，如此方能真正实现风险降低。

二、企业风险控制的方法

（一）避免风险

1. 避免风险的含义和局限性

（1）避免风险的含义。

避免风险指的是企业在意识到某项行动可能会带来风险损失时，选择不去执行该行动，以此来规避潜在的风险。理论上，这是处理风险最彻底的方式之一。通过这种方式，可以在风险事件实际发生前彻底根除特定风险可能导致的各种损失。相比之下，其他风险管理手段通常只能降低损失发生的可能性或减轻损失的程度，或者是在损失发生后给予相应的补偿，效果都不及直接避免风险。

无论风险最终是否真的发生，只要存在这种可能性，就足以导致人员伤亡、财产损失及心理压力等问题。而采取避免风险的策略，可以完全排除这些不利后果。这意味着对于可能出现风险的所有事务和行为都会尽量避开，这是直接回避风险损失的一种简单且全面的方法。此外，这种方法不仅操作简便，还非常经济和安全，具有很高的保障性。

因此，避免风险的最大优势是能够确保损失发生的概率为零，并彻底消除之前存在的损失可能性。

（2）避免风险的局限性。

尽管避免风险是企业广泛采用的一种有效手段，它能帮助企业远离潜在损失或不确定性的源头，但这种方法也剥夺了企业从这些源头获取利益的机会，因此存在一定的局限性。具体来说，这些局限性体现在以下四个方面：

首先，只有当人们可以确切地判断出风险事件的存在及其发生的可能性，并且能够准确评估损失的严重程度时，规避风险才具有实际价值。若无法明确辨识并估算风险，那么采取规避策略将毫无意义。然而，自然界和社会现象变化莫测、错综复杂，人们的认知能力有限，难以全面识别并准确评估所有风险，这使得规避风险的方法受到了极大的限制。

其次，规避风险通常意味着企业需要放弃某些规划或业务活动以消除随之而来的风险和损失。在经济活动中，企业所制订的计划常常会伴随着各种风险和损失的可能性，但也伴随着相应的收益。规避风险往往要求企业放弃某项活动，这样也就丧失了该活动可能带来的各种收益。如新技术的采用、新产品的开发都不可避免地带有种种风险，如果全面放弃这些计划，就未免有些因噎废食之嫌，无法产生积极的作用。所以，避免风险带有消极防御的性质，只有在风险可以避免的情况下，方可采用。如果凡遇风险，就一概回避，企业也就不可能发展了。

再次，避免风险的方法可能不太现实。避免风险意味着企业要停止或放弃某些计划，从而使正常的生产经营活动陷于停顿。

最后，从某种意义上说，企业避免一种风险又会产生另一种新的风险。

2. 避免风险的方法

虽然避免风险具有种种局限性，但仍不失为一种处置风险的恰当方式，尤其是当风险损失无法转移时采用。另外，当采用其他方式所需费用太高，得不偿失的时候，采用避免风险的方法比较合适。

在风险管理中，避免风险的一个基本方法是放弃和终止某项计划的实施。例如，在宏观决策中，通过对某项工程或计划进行系统周密的可行性分析和科学论证后，若发现该项工程或计划的实施将面临发生重大损失的潜在风险，就应立即停止该项工程或计划的实施。又如，城市的建设、水库和大坝的兴建、工业的布局、核电站的选址等，都必须进行可行性论证，综合考虑地质结构、生态环境、资源分布等。在微观决策中，对厂址的选择、新产品的开发、污染物质的处置都应在考虑风险及损失问题之后决定取舍。如化工厂的兴建涉及对周围环境，包括对大气、水源及其他的危害，如在人口稠密区，风险和损失程度较之其他地区要严重得多，应力求避免。

对企业而言，避免风险的另一个方法是改变生产活动的性质、改变工作地点和工作方法等。生产活动性质的改变属于根本的变化，如军工生产能力在和平稳定时期转向生产民用产品，生产性质的改变既可以减少亏损，又可以取得较高的盈利。

在实施避免风险时，最好应在某一项目的计划阶段就做出决策，因为任何改变现有工作的企图都会带来极大的不便，导致业务的中断，以及支付昂贵的费用，如当人们可以选用甲、乙两种方法生产某种特定产品时，甲方法比乙方法的成本低，但风险比乙方法大得多，所以两种方法的比较分析，应在实施前决定选用哪种方法。一旦甲方法开始实施，而再要改变乙方法以避免甲方法的风险，则费用支出会大得多。所以，人们在决定任何较大投资项目之前，都应对费用的支出及风险进行全面估计，其好处是不仅能在计划阶段减少风险费用的支出，而且在实施过程中也会有意识地增加预防风险的设施，要比在事后被迫补救经济更合理。

在风险管理中运用避免风险的方法，风险管理人员必须对需要避免的财产、人身风险及其他有关活动确定范围。还应将避免风险的方法与其他方法进行分析对比后选择最佳决策。

（二）损失控制

1. 损失控制的含义

损失控制作为风险管理中一项至关重要的策略，其核心是彻底消除潜在的损失源头，同时努力降低可能引发损失事件的概率，并在损失实际发生时减轻其影响程度。因此，该策略的两个关键方面分别是防止损失的发生，以及减轻损失的影响。相较于其他风险管理手段，损失控制展现出了更为积极主动的特点，它能够有效预防损失，还能够在必要时采取积极措施来应对损失，这种做法相比于仅仅回避风险、转移风险或自行承担风险更为合理和高效，并且可以避免回避风险所带来的各种限制。

从社会整体角度来看，损失控制的优势比风险转移更有利。风险转移仅是将风险从一部分个体或组织转移到另外一些个体或组织上，而没有从根本上减少或消除整个社会面临的风险损失。相比之下，保险和自担风险主要关注的是损失发生后的经济补偿，这些方法在面对风险及其后果时采取的是较为被动的态度。尽管损失控制无法完全避免所有损失，但仍然是一个积极主动地预防并减轻损失的有效工具。

损失控制不仅涵盖预防损失和减轻损失的核心内容，还包括对导致意外事件的根本原因进行深入分析的过程。通过对这些原因的分析，可以识别出导致灾害发生的直接和间接因素；通过考察特定地理位置的特点，考虑是否有可能通过更换地点来消除损失产生的诱因；通过对风险事件可能发生的时间等要素进行分析，提前做好防范措施和应急准备。在整个损失控制工具的应用过程中，防灾减损工作是十分重要的，必须给予特别关注。

需要指出的是，尽管一项有效的损失控制方案可以降低预期损失率，但人们并不可能用后果差异率的测算来对风险的影响做一般性的结论。因为后果的相对差异率会随实际情况的变化而变动。因此，在采用损失控制措施后，将所引起的预期损失的影响同原有的损失波动加以区别，有助于在几个可行的损失控制计划之间分配有限的资金，以便将损失控制工具与风险财务工具结合起来更有效地处置风险。例如，有两种减少损失的方案，它们对年度预期火灾损失的减轻程度可能是一致的，然而 A 方案的预计节省额是由降低火灾发生概率的措施取得的，B 方案的预计节省额则是通过在火灾发生后防止扩散，从而消除巨额损失的发生获得的。A 方案的优点是，火灾发生的次数减少，人们每年都能期望获得一定的节省货币额；B 方案的好处则可能体现在长时期考虑中，因为人们在任何一年遭受大火的概率应该是很小的，所以应根据不同情况对各种工具加以综合运用。

2. 损失控制的措施

通常来说，损失控制的方法主要包括以下几个方面：一是消除潜在风险的预防措施，目的是根除导致损失的因素；二是保护性或半预防性措施，用于保障处于风险中的人身及财产安全；三是最小化损失的影响，即通过各种手段将损失范围压缩至最小，并将损失后果降到最低水平；四是紧急救援措施，旨在尽力保留受损财产的价值，以及恢复受害者的身体功能。使用损失控制措施的关键意义不仅体现在提供多样化的解决方案上，也在于如何系统性和综合性地实施这些方案。其核心思想是在损失出现前，采取一系列行动来减轻或消除可能引发损失的根本原因及间接因素。因此，我们可将损失控制的方法归纳为两大类：一是预防损失的发生；二是减轻已发生损失的程度。

（1）损失预防措施。

损失预防措施是指那些可以降低损失发生概率的措施。损失预防措施又包括纯预防性措施和保护性或半预防性措施。纯预防性措施和保护性或半预防性措施的目的虽然不同，但都是为了减少损失发生。如油库一般有一水泥保护层，并且规定不得在油库周围吸烟等，以减少或消除火灾事故的发生；又如，厂房及各车间均以耐火砖墙隔离以便减少火灾损失；对有危险的机器设备配备安全保护装置，消除潜在的火源，以抗火、耐火材料代替易燃材料以消除火灾隐患；化工厂对有毒液体、气体配备特制密封筒以防泄漏，从而消除引起事故发生的因素。从广义上说，损失预防措施还包括定期举行各种安全会议，宣传贯彻各种安全条例及细则，定期检查各种安全设施，注重安全生产等。

从企业风险管理的角度分析，损失预防应贯穿于企业生产经营活动的整个过程。如企业从一个新项目的最初计划阶段一直到产品生产出来之后，都应注重损失预防、安全生产。随着消费者对产品缺陷认识能力的提高及索赔事项的日益增加，产品安全计划变得越来越重要，尤其对一些明显存在危险性的产品及服务来说，预防损失与安全性必须是首要考虑的问题。不但如此，企业在计划阶段注意损失预防，可以用较少的费用支出获得较大的安全效益和经济效益。如在一个新建工厂的最初计划中加入抗火材料，以及把存在风险的生产地区和仓库地区隔离开来，就能够减少火灾损失，而成本只不过是工厂建成后的改建或火灾后抢救费用的一小部分。在企业的生产阶段，需要注意的是防止人身伤害和财产损失的意外事故。英国健康与安全执行机构公布的统计数字表明，工厂中发生的大量工伤事故大多是由下跌或上升所致，本身并不需要很多专门的技术知识去防护。同样，许多发生火灾的根源是吸烟、电路安装错误等人为的因素，因而预防损失的重要环节是注重对职工的安全教育和培训，并维持良好的秩序。此外，对企业风险管理而言，预防损失与产品质量控制密切相连。在制定过程中消除产品缺陷属于质量控制问题，当某种产品的使用涉及其他人的安全有致命危险时，人们就越应该采取强有力的全面质量控制制度，以防止或减少潜在损失的出现。

总之，损失预防在损失控制乃至整体风险管理中都具有十分重要的意义，消除损失于风险事件发生之前，对实现企业风险管理的目标至关重要。

（2）减少损失措施。

减少损失措施是损失发生后所采取的各种措施，以降低损失的严重程度。减少损失措施的实质是尽可能地保护受损财产价值与受损人员的身体机能，从而降低损失的严重程度。动用各种防灾防损设施，是为了能够迅速控制损失蔓延和消除风险事故，如火灾发生时动用消防设施和出动消防队，以迅速灭火和限制火灾蔓延。在发生巨大洪水灾害时，及时开闸分洪，以制止更大规模和范围的洪灾损失。

在企业风险管理中，减少损失的措施还包括应对实际的或严重的损失环境而制订的应急计划。应急计划包括若干抢救措施及企业在发生损失后如何继续进行各种业务活动的计划，旨在尽力减轻财产损失和人员伤害。抢救工作的成功，在很大程度上取决于在任何时候都必须有能力应付紧急情况。如果离开这一条件，任何抢救工作的效果都将大打折扣。所以，对此应予以极大的关注。另外，企业营业中断损失的严重性，并不一定直接与财产损失的程度成正比。不少情况是，有许多相对来说较小的财产损失反而会造成旷日持久的停产，从而造成大于财产损失自身若干倍的营业中断损失。因此，企业在制订应急计划时，应注意识别所有可能引起营业中断致损事故的潜在根源和企业各部门之间的相互依赖性，如某一生产流程的损坏是否会使企业的某一种或更多种产品的全部生产中断等。防止营业中断的一个可行办法是，立刻采取某些可以减少各种事故对营业中断产生潜在影响的措施。如对工厂的关键部门或动力供应实行双轨制，同样，通过保持较多的原料和零配件储备或潜在的其他供应者，以改善企业易受单一供应单位中断供应的风险损失。

3. 损失控制的四个阶段

损失控制作为一种重要而积极主动的风险控制工具，在风险管理中具有重要的作用。通常损失控制的效果，直接从根本上影响着风险管理工具的运用。最完善的事后补救与损失分摊，就整个社会而言，总是不及损失的预防与控制，风险及灾害事故的发生总是不可避免地给社会带来损失。因而，如何实施损失控制技术，有效地防灾防损与减少损失，是风险管理决策的重要组成部分。为有效地实施损失控制，一般将其分为四个阶段：①损失与风险因素的分析；②选择损失控制技术；③实施损失控制策略；④检查与评估。

（1）损失与风险因素的分析。

损失控制的第一阶段是运用风险识别与估计的方法，识别与分析已经存在并发生的种种损失及后果，识别与分析可能引起或将来可能引起损失的种种潜在风险因素。应该看到损失与风险因素的分析对损失控制特别重要，它是损失控制的基础。

损失与风险因素的分析是一项非常具体的工作，它通过调查系统、报告系统、检查系统等多种途径，汇总信息，收集整理，加工分析，分门别类上报。在企业风险管理中，企业一般采用损失报表进行分析，通过对损失报表的分析与整理，有助于企业分析哪些活动、环节、过程易造成损失，从而加以纠正与防止；有助于企业识别与分析已造成的种种风险因素；为风险管理者提供信息使他们对企业某些环节的损失控制予以特别关注。这种通过损失报表来进行损失分析的方法在企业中经常被运用，然而对于众多的经营者而言，依靠自身的损失记录还难以进行较精确的统计分析，因为它只是一种粗略的扫描分析，所以损失与风险因素的分析必须借助保险公司、风险咨询公司及其他有关单位的信息，以及技术和专家的力量，这样才有助于对损失事件发生的概率、损失频度、致损原因及其他风险因素进行全面分析。通过这些分析，管理者能够比较迅速、准确地获得有关损失及其原因等方面的重要信息，从而为选择控制工具奠定基础。

（2）选择损失控制技术。

损失控制的第二个阶段是指在损失与风险因素分析的基础上选择损失控制技术。也就是选择以什么为主导的损失控制工具，是以预防为主，还是以抢救为主，或是将几种工具配合使用，综合处置风险及损失后果，对不同情形采取不同措施，以达到降低损失发生的频率，降低损失严重程度的目的。国外学者在分析实施损失控制技术时，又把预防措施与抢救措施分为四个环节，即消除损失发生的前提条件、预防损失、早期发现损失、采取抢救措施限制损失，根据不同的情形来设计和实施。

在这一阶段，除了根据不同的情形采取不同的措施并随时评价其效果外，更重要的是在考虑费用支出与效果比较的基础上选择最合适的损失控制工具。比较费用支出与效果是风险管理的重要内容，体现在各个环节和过程，尤其在损失控制阶段应加以注意。如果能在损失控制阶段取得很好的效果，无疑会使整个风险管理取得很好的效果，但如果不注意费用与所得的比较，就会适得其反。如果企业用于损失控制方面的费用支出远远超过保险费的支出，且这些费用又不是长期使用的损失控制技术，那么这种损失控制工具的选择与使用并非最有效。可见，在损失控制阶段就应注意费用支出与效果的比较，否则就会劳而无功，并且也很不经济。只有将损失控制工具建立在失与得比较的基础上，才有可能取得较好的效果，这种分析可以通过多种途径进行。损失报告书的编制与分析是一种常用的方法，通常是具体地分析成本项目的各个子项目以及效益项目的各个子项目，然后对其进行比较、修正与选择。

在费用与效益的分析比较基础上选择的损失控制工具，应该使其获得的效益远远超过预期支出的费用，从而充分体现损失控制工具的优越性。需要说明的是，进行费用支出与效果比较的前提是，不仅要计算损失事故本身造成的直接耗费，而且要估算间接耗费。可以采用保险成本与非保险成本进行分析比较的方法，但更为常见的是通过预期的最低损失额来进行分析。在此基础上，决策人员应了解哪些损失工具可以采用，哪些是最佳的损失控制工具。

选择损失控制技术以后，并非永远不变，而需按情形的不同进行调整与补充，以便获得最佳效果。但由于种种原因，损失控制技术有时其结果并不完全像人们想象的那样及时和有效，应该明确的是决策一般都是基于损失控制措施将怎样影响未来而制定的。损失控制专家可能无法相当准确地估计所采用的措施将怎样影响企业每年事故的总损失额，但他们可以掌握一定时期损失发生的频率，以及损失控制措施是否会实质性地降低损失的频率。如果某些地方损失发生的频率由于历史因素或工业标准不同而高于一般水平，那么损失控制措施将具有特殊的吸引力，通过损失控制使其恢复到可以接受的程度。

（3）实施损失控制策略。

损失控制的第三个阶段是实施损失的控制策略。在实施损失控制的过程中，明确各方面所应负的责任，具有重要意义。损失控制作为风险管理中一个带有积极主动性的政策措施，得以有效实施并不只是风险管理部门的努力，而应靠企业的各部门、各单位，以及每个职工的普遍重视而通力协作，因而明确各部门对损失控制的职责，是实施损失控制的重要内容之一。西方有不少企业设有与生产供销部门、财务部门等同样重要的安全生产部门，专门承担损失控制的责任，履行损失控制职能。

在实施损失控制技术的过程中，企业及单位应该认真考虑各项措施的实施方式，权衡各种措施的利弊，使其相互配套，取长补短，获得综合的最佳效果。在具体实施过程中，既应发挥企业自身的力量，也应借助其他方面，如消防、保险、救护机构、风险管理机构的力量，使之更能发挥作用。专家应督促与指导这方面的工作，这将有助于损失控制措施的实施。

（4）检查与评估。

实施损失控制的最后一个环节是检查与评估损失控制工具及其效果。通过这一环节，可以及时发现问题并加以修正、补救。检查与评估是实施损失控制技术的一个重要补充。人们有效地预防损失的出现，减少损失的种种后果，是很难做到非常准确的。因此必须不断地检查、评估与反馈，这样才有可能增强损失控制的实施效果。

为检查损失控制措施的执行情况，可组织各方面的风险管理专家进行评议。专家可要求管理人员提供研究损失控制情况的全面报告，亦可直接深入企业进行检查。

通过检查和利用各种方法获得该企业履行损失控制措施的比较准确的情况，并对这些情况进行分析、比较。一种方法是，分析在实施损失控制措施后，出现不安全损失事件占全部观察数的比例，以此作为衡量现阶段不安全损失事件程度的手段。例如，假定在 5000 个观察项目中共出现 400 次损失事件，则目前损失事件的比例为 8%。运用这一比例可以与过去同月、同年的情形比较，也可以与其他部门的情形比较，通过比较可以分析所实施的各类损失控制措施哪些是有效的，哪些效果还不明显，哪些措施被遗漏，问题的症结究竟在何处，应如何加以修正等。当然，采用比例法检查的效果不应仅凭一次结果，而应依据在较长时期的平均数。

检查与评估阶段的另一作用是通过定期检查有助于发现各种损失控制措施是否被正确地加以实施，这些措施是否都已达到预期的目的，围绕这两个方面进行检查，能够使这一环节真正成为实施损失控制措施的重要补充。

第四节　企业风险控制面临的问题及对策

一、企业风险控制面临的问题

（一）缺失精准的风险认知导向

企业风险认知指的是企业对潜在风险的理解和判断方式，它应当与企业内外部环境、资源配置状况，以及战略规划保持一致，正确的风险认知能助力企业目标的有效达成。理想的风险认知应避免对风险的刻意规避或过度追逐高收益，既不忽视已存在的风险，也不过度担忧和逃避。

（二）风险管理体系存在缺陷

当前，多数企业的风险管理体系仅聚焦于财务部门，未能深入产品设计、制造、存储与销售等各个环节，现有的规章制度往往抄袭他企模式，未基于自身实际情况进行调整，从而导致体系过于理想化和理论化，难以付诸实践。内部控制作为影响企业风险程度的关键因素，许多企业在这一环节的管理力度不足，部门间缺乏有效制约机制，业务流程操作不规范，职责分配不明，一旦发生严重错误，员工之间容易互相推脱责任，尤其在中小企业中更为显著。此外，应收账款管理松懈，部分企业为追求短期利益不惜采用赊销策略，导致账面资产虚增，实际可用资产减少，坏账增多，资金回笼率大幅下降，企业可能因此陷入运营资金短缺的困境。

（三）风险控制策略单一化

众多企业的风险控制主要集中在资金与资产管理上，致力于防范资金流失、资产被盗、非正常贬值等风险。实际上，在现代企业管理中，企业忽视了对决策风险的管控，决策风险对整体风险水平具有决定性影响。决策风险较小的企业，通过采取合理的决策策略，可以提升盈利能力，促进企业健康发展；反之，决策风险较高，则易引发决策失误，可能导致企业陷入困境。

另外，企业在市场、法律等方面的风险意识匮乏，例如，未充分评估产品在市场上的竞争力及消费者接受度，盲目生产导致积压；在签订合同时，未仔细审查合同条款，可能落入合同陷阱，最终承受巨大的经济损失。

二、企业风险控制问题的解决对策

（一）树立正确的风险管控意识，将消极应付转变为积极实施

在目前的市场经济条件下，国有企业会更有动力去开拓更多的市场，更想通过抓住时机走向国外市场，但是却很少有动力去加强风险管控，甚至还会有很多的管理人员认为，只有面临危机和失败的企业才应该加强风险管理的控制，他们认为经营状况好的企业去加强风险控制是在做无用功，甚至还会造成各种人才和资源的浪费。也就是说，国有企业风险控制的能力水平受企业高层的态度影响。所以，要想增强国有企业风险控制的意识，提高国有企业风险控制的能力，就必须让高层领导具有风险控制的意识，并以此来推动全体工作人员都能正确看待和认识风险，只有这样才能更好地去防范风险。当然风险控制意识不只是包含文化和理念，还要付诸行动，要根据企业的发展状况建立适合企业发展的风险管理机制，这种机制包括激励机制和约束机制。激励机制是给企业营造出一种积极向上的氛围。约束机制是为了不让员工形同一盘散沙，防止对工作产生懈怠情绪

等情况。只有这样，才能在企业的内部实现风险管理控制的有效实施。

（二）采用多样化的风险管理措施

在市场环境中，企业难以避免遇到各类风险，其关键不是风险本身，而是企业采取的风险管理策略及其执行能力。为此，企业应根据实际情况及外部条件，围绕发展目标，采取多样化的风险管理措施。

首先，企业需具备风险规避意识，管理者应具备敏锐的洞察力，审慎评估形势，尽量避免涉足高风险区域，例如，避免与信誉不佳的企业合作或退出竞争异常激烈的市场。

其次，企业可通过风险转移手段减轻风险负担，将部分风险转移给第三方，比如，为公司和员工投保，一旦企业遭遇重大损失，可以从保险公司获得赔偿以缓解部分经济损失。另外，企业还可以从年度利润中提取一部分作为应急储备金，用于填补因风险引发的资金缺口，保障资金链的安全。

（三）构建企业文化

优秀的企业文化能够帮助企业在面对风险时保持积极态度，并营造和谐的工作氛围以提高风险管理的有效性。企业应加强内部监管，鼓励员工之间的沟通与交流，这样可以汇集更多关于风险管理的意见和建议。企业还应依托战略目标，打造积极向上的企业文化，实现有形文化和无形文化的融合，促进企业业务的持续发展。

第五节　企业基于流程管理的战略风险控制

一、风险偏好对战略选择的影响及其控制

从流程的角度对战略风险进行管理，除了在制定战略时要遵循决策的模式，遵从战略目标系统分析的逻辑程序，在战略管理上组织调整，通过严格的预算实施进行资源组织与分配，保证战略实施良好进行外，还要注意决策人员风险偏好

对战略重点选择的影响，要通过完善组织结构（形式）使其对战略制定与实施产生积极作用，要关注风险部门管理人员的素质、知识结构与职责分配对风险管理效率的影响。

（一）风险偏好的定义及分类

风险就是一种不确定性，一般指负面的不确定性，即可能给公司带来损失的不确定性。决策者或管理层对待不确定性的态度和倾向体现了他们的风险偏好。因此，风险偏好可以定义为，在追求目标的过程中，企业和个人投资者对于承担何种类型及多大程度风险的基本立场。从宏观角度讲，风险偏好指的是企业在实现其目标时所能承受的风险量。这一概念基于风险容忍度的概念。不同个体对风险的态度各不相同：一些人可能倾向于寻求高风险高回报的刺激，而另一些人可能更偏好稳定的状态。

依据投资者对待风险的态度，可将其划分为三类：风险规避者、风险偏好者及风险中性者。

风险规避者在决策时会倾向于选择风险较低的资产，即使这些资产的预期收益率相同；而对于相同风险水平的资产，他们更倾向于选择预期收益率较高的资产。

相反，风险偏好者往往主动寻求风险，他们更喜欢收益波动而非稳定收益。在预期收益相同的情况下，他们会倾向于选择风险较大的选项，因为这能带来更大的满足感。

风险中性者则既不会刻意避免风险，也不会主动寻求风险。他们做出决策的唯一依据是预期收益的高低，而不考虑风险情况。

（二）风险容忍度及其与风险偏好的关系

和风险偏好密切联系的另一个概念就是风险容忍度。风险容忍度是指在公司目标实现的过程中对差异的可接受程度，是公司在风险偏好的基础上设定的对相关目标实现过程中所出现差异的可容忍的限度。

风险偏好的概念是建立在风险容忍度概念基础上的。风险容忍度大的决策者是风险偏好者，而风险容忍度小的决策者显然为风险规避者。当然，风险偏好与风险容忍度都是一个定性的概念，具有相对性。

（三）风险偏好与战略风险

不同风险偏好的决策层会在完全相同的约束条件与战略目标下做出完全不同的战略选择。如果战略选择超过了公司的风险承受能力，就会给公司造成重大损失，因为风险偏好并不等同于风险承受能力，风险承受能力才是公司制定战略必须考虑的一个战略选择的约束条件，决策层或决策者个人愿意承担更大的风险只能说明其本人的风险偏好，绝不等同于公司实际上具有承受此类风险的能力。如果在高收益的诱惑之下，不充分考虑公司自身的风险承受能力，制定出和公司风险特征不吻合的公司战略，一旦市场条件、经济基础、政治环境或公司自身的战略控制出现和预期不一致的偏差，就会给公司造成极大的风险损失。

公司的战略决策是不是一个相对科学的决策，取决于公司的决策层对风险的认知程度。公司的决策层在制定公司战略时，要对公司本身的风险承受能力有充分估计，在此基础上确定自己的风险态度。简单地靠决策层或决策者个人的风险偏好进行战略决策，极易做出非理性的战略选择。所以，要控制决策风险，一是要求决策者冷静对待自己的风险偏好，摸清公司资产、人力资源、技术、组织效率等情况，对自身的风险承受能力有较为客观的认识，才能据此做出与公司实际情况相匹配的战略选择；二是要有相对健全的战略决策机构与科学的战略选择流程，避免以部分决策者个人的风险偏好对公司的整体战略做出决策，尽量以科学的程序和完善的组织来控制其决策行为；三是决策组织应该是一个各方面人才都具备的组织，不仅要有经济、技术、法律方面的专家，还要有风险管理专家。这种知识结构合理的组织通过集体智慧所做出的决策比某个或部分决策者制定的公司战略更具有科学性，考虑的因素更全面。只有这样，才能在有效控制投资风险的前提下，最终实现公司的价值增值，并发挥其竞争优势。

二、基于战略风险管理的企业组织结构与决策流程

（一）企业组织结构的类型及其优缺点

企业组织结构是企业流程运转、部门设置及职能规划等最基本的结构依据，一个企业要实现愿景，实现战略，就必须具备一定的组织结构。一个精心构建的

组织结构能够使企业适应环境变迁，达成战略目标，强化市场竞争力，并促进内部技术革新、员工能力提升及运营效能优化。依据企业的实际状况及其权力集中或分散程度，企业的组织结构大致可分为以下五种类型：直线制组织结构、职能制组织结构、U 型组织结构、M 型组织结构，以及矩阵式组织结构。

直线制组织结构被视为最传统的管理模式。"直线"的概念意味着权力自高层起，沿着清晰的层级体系逐级传递至基层。这一结构的特点包括：每位管理者对其直属下级享有直接管理权限；每位员工仅需向自己的直接上级汇报工作；管理者在其管辖领域内具备全面的决策、指导与监控权力。在直线制组织结构中，管理职能仅涉及纵向划分而非横向分配，这在某种程度上类似于层级承包制度，呈现出一种集权化的组织形态。

从管理和实践的角度来看，直线制组织结构与链式沟通模式在特定情况下均展现出合理性和优势。在规模较小的企业或是需要严格层级保密的信息机构（如小型军事单位）中，直线制组织结构与链式沟通模式能简化管理和沟通流程，有助于实现较高的组织效率和效果。

职能制组织结构最早可追溯至 20 世纪初，当时法约尔在他担任总经理的煤矿企业中创立了一种组织结构模式，后来被称为"法约尔模型"。这种结构以职能为基准进行部门划分，即从高层到基层，将具有相同职能的管理业务及员工整合在一起，设立对应的管理部门和职位。例如，所有与销售相关的活动和人员被统一纳入销售部门，并由主管市场营销的副经理全面负责销售事务。研发、生产和工程等部门也采取同样的方式设置。

在职能制组织结构下，各管理层级和员工实现了高度的专业化分工，各自承担特定的管理职责。因此，每个职能部门的工作均服务于整体组织的目标。该体系由两类机构和人员组成：一类是拥有直接命令权限的直线指挥机构和人员；另一类是为同级直线指挥人员提供策略建议的参谋机构和人员，他们仅对下属单位起到业务指导、监督和支持作用，并无直接指挥权。在这种体制下，公司的管理权限高度集中，因为只有最高管理层能够全面掌控公司运营，所以决策权主要集中在最高管理层，尤其是总经理手中。

职能制组织结构具备四大优势：第一，通过职能划分明确各部门职责；第二，每位管理者隶属于固定的职能体系，专注于特定职能工作，这有助于建立长期稳定的部门间联系，从而确保组织系统的稳定；第三，实现了各部门和员工的专业化分工，有利于管理者聚焦并精通其岗位所需的技能，提升专业管理水平和工作效率；第四，高度集中的管理权限便于最高管理层对公司进行全面而严格的管控。

职能制组织结构模式存在以下四点局限：一是横向协作能力较弱。高度的专业化分工和稳定性导致各职能部分视界狭隘，倾向于强调自身部门的重要性，追求提升部门在组织的地位，极力保护部门权益，这滋生了部门本位主义和分散主义，增加了部门间横向协作的难度。二是应变能力不足。员工主要关注有限领域内的专业工作，这不仅加大了部门间横向协作的障碍，还影响了信息流通，导致高层决策在执行时可能被部门的狭隘视角和利益诉求扭曲或阻碍，从而削弱了组织对环境变化的响应速度，降低了整体应变能力。三是高层领导压力大。在职能制组织结构下，解决部门间的横向协调问题主要依赖高层领导，同时，经营决策权集中于高层，导致领导承担繁重的工作负担，容易陷于日常行政事务中，而无法充分聚焦于解决企业核心运营和战略发展中的关键问题。四是缺乏全面型管理人才。各部门主管多为专业职能人员，其工作范围限定在特定领域，限制了知识、技能和经验的拓展，形成了专注于部门工作和目标的思维和行为模式，这不利于培养能够全面负责公司运营的高素质管理人才。

U型组织结构，即 20 世纪初期西方大型企业普遍采纳的一种按照职能划分部门的纵向一体化职能结构，其特征是公司将内部划分为多个职能单位（包括生产、销售、研发等），这些部门之间的独立性较小，直接由高层管理者进行管控，确保集中控制与单一指令体系的实施。U型组织结构保留了直线管理体系的统一指挥优势，并融合了职能管理的专业化长处，尤其适合市场相对稳定、产品种类不多、需求价格弹性较高的环境。

然而，自 20 世纪初，西方企业的外部环境经历了显著变化，如原有的市场利润率下滑，新技术与创新不断涌现，以及公司规模的持续扩张，这导致了 U型组织结构的缺点日益凸显。高层管理者往往过于专注日常运营，缺乏对长期战略发展的深入思考，与此同时，庞大的行政机构与复杂多变的部门间协调越发困难，从而提高了信息流通与管理成本。通用汽车公司洞察到了这一结构性问题，并率先对公司组织结构进行了改革，引入了 M 型组织结构，随后，众多大型企业纷纷效仿通用汽车的做法，实现了组织模式的转型与优化。

M 型组织结构，也称为事业部制组织结构，其核心特点是将战略决策与运营决策区分开来。该结构通过依据产品类别、服务类型、顾客群体或地理区域设立半自治的业务单元来实现。在这一模式下，公司内的不同部门及员工分别负责战略规划与日常运营，从而使高层管理者得以摆脱繁杂的具体业务，专注于公司的长远发展战略，并对各业务单元的活动进行监管、协调及绩效评估。

相较于 U 型组织结构，M 型组织结构在治理方面展现出明显的优势，更加契合现代企业的发展需求。M 型结构下的企业通常由多个单位组成，尽管这些单位各自运行，但它们并非独立的法律实体，而是作为公司的内部运营分支存在，例如，分部或分支机构。

在融合了直线制和职能制垂直形态组织体系的基础上，矩阵式组织结构引入了一种横向的管理机制。该结构由职能部门序列，以及为特定临时任务设立的项目团队序列共同构成，兼具了业务导向型与职能导向型组织结构的特点。矩阵式组织结构也可以被视为一种非永久性的结构。全球性矩阵式组织结构代表了这种模式的高级阶段，已被诸如 ABB 集团和雀巢这样的跨国巨头所采用。通过将职能部门与项目团队相结合，形成矩阵，使得团队成员同时接受来自项目组和职能部门的双重指导。其显著特征是设立了一个跨职能的专项机构来负责特定的任务。这种组织结构本身是稳定的，但人员配置却根据任务需求进行动态调整，当任务完成后，相关人员即可回归原位。

该组织结构拥有极高的灵活性，并能确保各地的全球负责人能够获取丰富的地方信息，增加了他们之间面对面交流的机会，有助于公司文化和价值观的传播，进而推动全球企业文化的构建。其优势如下：首先，增强了横向协作，使专业设施与人力资源得到充分运用；其次，具备较强的适应性；最后，促进了不同领域的专家之间的互助、启发和互补。然而，它也存在一些不足之处：团队成员的岗位流动性较大，有时会给人一种临时的感觉，导致责任感稍显不足，而且成员同时受到两个上级的管理，有时难以明确责任归属。相较于 U 型组织结构，矩阵式组织结构更加灵活高效，有效避免了 U 型结构下各部门之间可能存在的割裂现象。

（二）基于风险管理组织结构设计及决策流程的建议

组织设计属于顶端层面的设计，是投资者达成共识，为了某个愿景，为了一定的目标设立公司的第一步工作，这个工作对将来公司的运行及其风险管理极为重要，必须深思熟虑、认真研究、科学论证。组织设计主要是研究如何合理设计公司内部组织结构，以及确定组织内各部门之间关系与合作模式的过程。公司战略风险管理是否有效，受到组织机构及其管控模式的影响，也就是风险管理机构在组织结构中的设置及其是否能有效参与战略决策的审定，是否在决策系统中具有有效的影响力，是否能够在公司的信息沟通网络中得到良好的响应。有的学者建议将风险管理委员会在公司的组织结构中置于一个较高的层次，并赋予其一定的考核权力，以利于其开展工作。那么这个较高的层次，究竟是什么样的层次？风险管理委员会究竟应被赋予什么样的权力才能保证其对风险的有效管控呢？

要强化风险管理委员会这一机构对决策的影响，加强其对风险管理的权力，必须在组织结构中将其置于一个关键位置，这个关键位置就是让其和监事会并列，处于公司治理结构中的第三个层面，即处于董事会之下，经理级之上。

有的组织结构尽管在公司中置于某一层面，但在实务中却形同虚设。究其原因，除了没有被赋予一定的权力，还有一个原因，即此机构中的成员在公司中的地位不高，不具有有效的人际关系影响力，对重大事件没有知情权与参与权。

（1）风险管理委员会中的关键岗位 —— 风险管理经理，应该通晓风险管理知识，懂得风险管理，富有专长和工作经验，了解公司的基本生产与业务流程，了解公司的财务情况及人才资源情况，对公司所处的产业有较为深入的了解，并且具备良好的沟通能力，有强烈的责任感。

（2）在公司的风险管理委员会中，应当有大股东参加，除了公司的董事长参加，还要有几名董事参加，并且要吸纳不同领域的专家、重要职能部门的领导参加。这样，不仅保证了信息的来源充分，也保证了风险管理委员会在公司战略决策问题上的影响力。

（3）要建立科学的风险管理的决策流程。决策流程不健全，决策方法不完善，是战略决策进行风险审定产生问题的主要原因。所以，风险管理委员会应该有一个科学的流程、科学的方法，否则会因个人地位而导致风险审定工作成为一家之言。此时，可以采用集体决策、匿名表决的方式，也可以采用评分法、头脑风暴法等一些方法，充分尊重不同专业人士的意见，这样能够形成较为客观的结论。

（4）必须赋予风险管理经理及风险管理委员会一定的权力，以保证其风险管理职责的履行，没有权力保证的职责是不可能实现的。

（5）在公司的治理结构建设中，要特别注意建立良好的委托代理机制，因为所有权和经营权的分离必然会导致任何经营管理人员都不可能像股东一样对公司产生本能的责任感，而要让风险管理经理及风险管理委员会的成员们以最大的责任感，充分利用自己的专长在风险管理方面为公司做出努力，无疑就是建立让风险管理经理与风险管理委员会认可的委托代理机制，实现公司利益与员工利益之间的平衡。

三、制度层面的风险管理委员会的职责及权力建议

（一）风险管理委员会的职责

对风险管理委员会应赋予明确的职责，才能使这个机构师出有名，积极为公司战略风险管理保驾护航，从而在公司战略决策与战略风险管理中起到积极作用。风险管理委员会应被赋予以下权力。

一是建立风险管理制度，制定并明确风险管理经理的职责。风险管理具有全面性、系统性，公司战略决策的制定要考虑公司的资产、财务、人事、营销、生产等诸多方面。风险管理经理和风险管理委员会要和上述相关部门进行良好的沟通才能通晓公司的实际情况，所以，必须制定有效沟通、权责明晰的风险管理制度，以保证风险管理的全面性、全员性、全过程性。

二是制定风险管理措施，建立风险管理流程。用什么样的方法进行风险管

理，遵从什么样的流程，应该由风险管理委员会提出并经董事会表决同意实施。风险管理必须进行公司的日常管理，必须融合在公司的经营活动中，必须是公司管理不可或缺的重要环节，才能保证公司在风险管控上的力度，进而实现风险的合理规避。所以，必须将风险管理纳入公司的经营业务中去，成为其不可分离的有机整体。

三是要建立风险管理考核、监督与评估制度，形成有效的监督、考核及信息反馈机制。风险管理要着陆，要对公司的各个层面产生影响，不仅要求在重大决策上具有参与权、否决权，还要对具体的业务具有监督、评估与考核权，考核的结果必须对被考核对象的绩效产生相应的影响，实现风险管理责任到人。唯有如此，才能让公司的各部门重视风险管理，防微杜渐。事实证明，一些风险事件的发生并非不可管控，完全是由于公司决策层、管理层不重视而导致的累积效应。

四是加强风险意识与风险理念教育，营造风险管理的内部环境，建立关注风险的公司文化。风险管理经理不可能了解公司所有环节的风险，而基层工作部门和生产环节的工作人员才具备这样的条件，但他们也只是了解本部门或自己所从事的生产环节的风险，不具备整体性与综合性。同时，由于知识水平的局限性，他们不可能对风险有深刻的认识。那么，只有通过风险文化的建设，才能使各个部门、各个员工树立起风险理念。要认识到"管理风险是每个人的工作"，就必须加强风险教育，因为公司的各部门及员工影响风险管理的实施及效果，只有他们重视风险管理，风险管理工作才会对公司的发展起到保驾护航的作用。

（二）风险管理委员会的权力

风险管理委员会必须具备一定的管理权，否则无法实现其设立的目标与职责。职责与权力必须相匹配，没有权力保障的职责是不可能实现的。所以，为了确保风险管理委员会的职责能够顺利行使，必须给予其相应的权力，具体包括以下三点。

第一，决策的参与权与表决权。风险管理委员会必须审定公司的重大决策，必须具有表决权、否决权。唯有如此，风险管理委员会才不会成为虚架子，才能从源头上起到风险防范的作用。风险管理委员会的一些成员本身是董事会的成员，其参加了公司战略决策的制定与选择，了解公司的战略决策，这样风险管理委员会在审定公司的战略决策时，就会便于沟通。但要让风险管理委员会真正职权相符，必须使其具备公司决策的审定权，并具备否决权。

第二，风险管理委员会必须具有在一定程度上使用资源的权力。比如，必须有一定的预算，用于风险管理的教育、培训，必须对各部门的工作具备了解调查权，有权要求相关部门人员提交其所需的资料，有权要求相关部门的负责人对其所属部门的风险管理状况做出报告。

第三，考核权。考核结果要和各部门及其成员的绩效明显挂钩。只考核，不奖惩，这种考核没有效力，而考核结果一旦与各部门及其成员的绩效、晋升等利益指标相结合，就会产生强化效应。所以，风险管理委员会具备考核权，一方面，树立了风险管理委员会的权威；另一方面，对风险管理起到了强化效应，对公司风险理念与风险文化的打造具有积极的推动作用。

第四章

企业内部控制

内部控制的渊源可追溯至古代文明时期，其对公共资源的严谨管理在古埃及、古希腊及古罗马的档案中均留下了深刻的印记。中国早在《周礼》中就体现了早期的财政管控理念。关于企业内部控制的演进历程，学术界普遍达成共识，将其划分为五个关键节点：初始的内控机制、制度化的内部控制、结构化的内控体系、融合风险管理的框架阶段，以及最终的企业全面风险管理阶段。本章将以此历史脉络为线索，以全球视野探讨内部控制理论的孕育与发展，深入剖析影响其实践的重要法律法规和研究成果，以此构建核心的内部控制架构及其关键操作流程。

第一节　内部控制概述

一、内部牵制制度

从古代的内部控制雏形可追溯到现代内部控制的源头，受限于当时的生产力和技术水平，仅展现出初步的内部（会计）控制理念，表现为简易的内部牵制措施，而非完整的现代内部控制概念。

通常情况下，20世纪40年代前被视为内部牵制时期。15世纪晚期，意大利诞生了复式记账法，要求交易在两本账簿中同步记录，象征着内部牵制的逐步成熟。18世纪工业革命后，企业规模不断扩张，催生了公司制企业；20世纪初期，随着资本主义经济的快速发展，股份公司迅速崛起，所有权与经营权逐渐分离。这些变化推动了利益相关者寻求有效监控企业运营的方法，从而深化了内部牵制体系。

内部牵制是通过业务流程设计实现有效运营和防止错误及非法行为的机制，主要依靠账户间的相互验证和职责岗位的适当分离。在那个时代，它被视为确保会计准确性的重要控制手段。

在内部牵制阶段，内部控制的核心目标是防止错误和欺诈，包括三个关键元素：职务分离、会计记录和人员轮换。其实施主要体现为四个方面：一是物理牵制，例如，保险柜钥匙由多人保管，须多钥匙同时使用才能开启；二是技术牵制，比如，保险柜所在房间的门需按特定程序操作才能开启；三是结构牵制，每项业务由不同的个体或部门负责，以防错误和欺诈；四是会计牵制，如运用复式记账系统和定期的明细账与总账对比核对。

二、内部控制制度

20世纪中期至晚期，内部控制理念经历了从内部牵制向制度化的演进。1936年，美国会计师协会在其公告《注册会计师对财务报表的审查》中，首次赋予"内部控制"这一专业术语以官方地位。1949年美国审计程序委员会在《内部控制——协调系统诸要素及其对管理部门和注册会计师的必要性》报告中，对这一概念进行了详尽阐述："内部控制涵盖了组织结构的设计，以及企业内部采用的所有相辅相成的手段和措施，旨在守护资产安全，确保会计信息的精确性和可靠性，提升运营效率，促使企业遵循既定的管理策略。"1958年，美国会计师协会再次细化了内部控制的定义，将其分为内部会计控制和内部管理控制两个维度。前者专指与资产保护和会计记录精度关联紧密的程序，后者则聚焦于实施管理策略和优化运营效率的方法。这种区分使得审计人员能够依据企业的具体内控体系，灵活决定实质性测试的范围和执行方式。

三、内部控制结构

内部控制在 20 世纪 70 年代进入了全面发展阶段，研究焦点转向了更具体的实践层面。西方学者在此期间深入探讨了内部会计控制与管理控制的关系，并强调这对审计师理解至关重要，还揭示了两者并非孤立，而是相互交织的维度。同时，控制环境的概念开始被广泛接纳并融入内部控制的核心讨论。

1988 年 4 月，美国注册会计师协会（AICPA）发布了里程碑式的《审计准则公告第 55 号》（SAS No.55），革新性地使用"内部结构"来替代"内部控制"的传统术语。公告明确阐述，企业的内部结构是为了确保特定目标的有效达成而设计的一系列政策和程序，具体划分为控制环境、会计系统和控制程序。此次公告的革新有两个显著特点：第一，它正式承认控制环境是内部控制不可或缺的部分；第二，它摒弃了对会计控制和管理控制的严格区分。这些变化标志着内部控制实践操作与理论探索在 20 世纪 80 年代晚期的新趋势。

四、内部控制整合框架

20 世纪 70 年代至 80 年代发生了一系列财务欺诈、可疑商业行为和金融机构破产等事件，给投资者带来了巨大损失。1985 年，由美国注册会计师协会、美国会计协会（AAA）、财务经理人协会（FEI）、内部审计师协会（IIA）、管理会计师协会（IMA）联合创建了反虚假财务报告委员会，旨在探讨财务报告舞弊产生的原因，并寻找解决之道。

两年后，基于该委员会建议，其赞助机构成立 COSO 委员会（The Committee of Spon-soring Organizations of the Treadway Commission），专门研究内部控制问题。1992 年 9 月 COSO 委员会发布《内部控制整合框架》，简称《COSO 报告》，1994 年进行了增补，2013 年 5 月又进行了更新。

这些成果马上得到了美国审计署（GAO）的认可，美国注册会计师协会也全面接受其内容并于 1995 年发布了《审计准则公告第 78 号》。由于《COSO 报告》提出的内部控制理论和体系集内部控制理论和实践发展之大成，成为现代内部控制最具有权威性的框架，因此在业内备受推崇，在美国及全球得到了广泛推广和应用。

在 COSO 的内部控制整合框架之下，内部控制被界定为一种由企业董事会、管理层及所有员工共同实施的流程。其主要目的是为了确保以下三点：一是提升财务报告的准确性；二是提高运营成效与效率；三是确保遵守相关的法律法规。

该框架将内部控制细分为五个紧密相连的组成部分：一是管控氛围；二是风险评价；三是管控措施；四是信息交流与互通；五是持续监督。这些组成部分各自支撑着三项核心目标：一是运营效能；二是财务报告的可靠性；三是遵循法律法规的要求。

1. 控制环境

组织的根基是其环境调控，它塑造了员工对管控的理解和行为模式。作为内部控制结构的核心支柱，它赋予了整体运作的秩序和逻辑。控制环境的构建要素多元化，涵盖了员工的道德操守、专业素养、价值观和信任度；管理层的领导理念、领导风格，以及他们如何分配权力、激发团队潜能及董事会的监督和引导。我们可以将控制环境划分为两个关键维度：一是那些无形的"软性"层面，如企业的管理理念、管控文化、风险感知和人员素质，这些非物质因素构建了内部控制的环境氛围，其中人的因素尤为关键，因为他们的观念和能力直接决定了内控的效能和成果；二是实体性的"硬性"要素，如产权结构、公司治理结构、组织结构和权力配置，这些都是构成控制环境的基石。

2. 风险评估

风险评估涉及识别和评估可能干扰目标达成的潜在威胁，它是规划风险管理和预防措施的关键步骤。这一过程使管理层能够洞察和评估影响运营效能、财务报告准确性和法规遵循性的风险要素，以便及时做出响应。风险评估的先决条件是建立一套层次分明、逻辑连贯的目标体系。它涉及确定和评估目标实现过程中遇到的风险，为风险管理策略的确立提供依据。鉴于经济环境、行业动态、监管政策及经营状况的不断变迁，有必要设立一种机制来识别和处理这些变化所带来的特定风险。

3. 控制活动

管理指令的实施保障机制，即控制活动，涵盖了基于风险评估的各类政策和程序。这些活动无处不在，贯穿于组织的各级各部门，涉及审批、授权、验证、对比、绩效考核、资产保护及职责划分等多个方面。

4. 信息与沟通

信息的识别、获取和传递至关重要，特别是在适宜的时间和方式下。这种交流确保了企业内部成员理解他们的职责，清晰他们在内部控制结构中的定位和责任。

5. 监控

内部控制系统的监控不可或缺，这是一项对其一段时间内运行效率进行评估的过程。监督可通过连续监测、单独评估，或者两者的组合来进行。连续监控活动贯穿日常运作，整合了例行的管理与监控实践，以及员工在日常工作中的相应的操作。针对这些活动的深入审查及执行频率，通常基于风险分析和监控机制的效能来进行调整。识别出的内部控制漏洞应予以记录并提交，对关键问题的处理需迅速向高级管理层和董事会汇报。

五、企业风险管理整合框架

由于安然、世通、美国在线时代华纳、施乐和默克药厂等一连串知名企业的财务报告欺诈丑闻带来的冲击，世界范围的企业掀起了加强企业风险管理的热潮。COSO 委员会于 2001 年提出了进行企业风险管理研究的构想，并组织各方面的专家进行讨论，于 2003 年 7 月根据《萨班斯—奥克斯利法案》的相关要求，颁布了《企业风险管理整合框架》的讨论稿，该讨论稿是在《内部控制整合框架》的基础上进行了扩展而得来的，2004 年 9 月正式颁布了《企业风险管理整合框架》，标志着 COSO 委员会最新的内部控制研究成果。

《企业风险管理整合框架》将企业风险管理定义为：企业风险管理是一个过程，它是由一个主体的董事会、管理当局和其他人员实施，应用于战略制定并贯穿于企业之中，旨在识别可能会影响主体的潜在事项，管理风险以使其在该主体的风险容量之内，并为主体目标的实现提供合理保证。并且还指出《内部控制整合框架》的精髓已融入《企业风险管理整合框架》，构成其不可分割的一部分。

因此，《企业风险管理整合框架》并没有取代或接替《内部控制整合框架》。

《企业风险管理整合框架》分为内部环境、目标制定、事项识别、风险评估、风险应对、控制活动、信息和沟通、监督八个相互关联的要素，各要素贯穿在企业的管理过程之中。

1. 内部环境

内部环境在企业的风险管理框架中扮演基石角色，它奠定了所有相关管理措施的基石并赋予其秩序和架构。这个至关重要的环境不仅塑造了企业的决策路径，包括战略规划、业务运营模式，以及风险的认知、评估和应对策略，而且还深刻影响着内部控制系统的设计与运作，信息流通体系，以及监督机制的实施。董事会作为内部环境的核心组成部分，其影响力辐射到环境的各个层面。企业的领导者同样不可或缺，他们作为内部环境的一部分，肩负着构建风险意识文化、确立企业风险容忍度，以及融合风险管理理念与初步行动策略的重任。他们的行动直接影响企业风险管理的整体格局。

2. 目标制定

企业管理层依据企业的使命或预见，设定战略导向的目标，抉择相应策略并界定其他配套目标，这些目标会逐级在组织内部进行分化和实施。配套目标通常指除战略目标外的另外三项，它们的设立需与企业战略保持一致。决策者首要的任务是明确企业的目标，以便识别可能对目标达成产生影响的因素。企业风险管理为企业领导者提供了一个恰当的框架，它既辅助制定企业目标，又能确保目标与企业使命或期望相互契合，并且保证设定的目标符合企业的风险承受倾向。

3. 事项识别

企业运营中潜藏的不确定性因素，促使管理层需对这些因素有所洞察。这些因素可能带来正面效应、负面效应，或是兼而有之。那些带有消极影响的因素构成了企业的风险，需要管理层进行评估并作出响应。因此，风险可定义为，对达成企业目标产生潜在不利影响的事件发生的概率。能够产生正面效应的因素，既可被视为公司的机遇，也可能成为缓解风险负面影响的关键因素。在制定公司策略或目标的过程中，应充分考虑这些机遇，并据此规划适当的措施以抓住这些机遇。同时，在风险评估与应对策略制定阶段，对于那些有可能抵消风险不利影响的事项，需要进行细致的思考。

4. 风险评估

风险评估有助于管理者洞悉潜在问题如何干扰业务目标的达成。评估风险时，需考虑两个核心要素：风险发生的概率和影响程度。风险发生的概率指的是特定事件出现的可能性，而影响程度则描述了事件发生后可能造成的后果。评估风险须立足于公司的战略和目标框架。首要步骤是对企业的内在风险进行评价，通过设定对内在风险的应对策略，可以规划出相应的风险管理方案。接下来，管理者应在执行这些管理措施之后，进一步评估剩余的风险，以确保全面控制风险。

5. 风险应对

风险应对策略可概括为四个方面：避免风险、减轻风险、分摊风险和承受风险。避免风险意味着采取步骤退出可能导致企业风险的活动领域。减轻风险旨在降低风险发生的概率，缩小其潜在影响，或者两者兼顾。分摊风险则涉及通过转移或与他人共同承担风险，以减小风险发生的可能性或减弱其对企业的冲击。承受风险表示对可能出现的风险及其后果不采取任何行动，直接接受。

高效的风险管理要求决策者选择那些能使企业风险水平保持在可接受范围内的应对策略。确定策略后，需基于剩余风险重新评估，即从整体企业或风险组合的视角重新衡量风险。各部门的管理者应执行相应的步骤，对部门内的风险进行复合评估，并挑选适合的风险管理策略。

6. 控制活动

控制活动是确保风险应对策略得以妥善实施的一系列政策和流程，它们贯穿于组织的各职能领域、各级别和各部门。这些活动通常包含两大部分：定义行动方针的政策和执行此政策的具体步骤，涉及审批、授权、核实、调节、业绩评估、资产保护及职责划分等操作。控制活动可被划分为不同的类别，如防范性控制、检测性控制、人为干预控制、计算机化控制，以及管理导向控制。

鉴于每个企业的独特性，不同公司的目标、结构及其相应的控制措施也会有所差异。即使目标和结构相同的企业，其控制活动也可能各异，因为管理者的人为因素会影响内部控制的实施。此外，控制措施还反映了企业所处的市场环境、行业特性，以及其组织结构、历史背景和企业文化所带来的复杂性。

7. 信息和沟通

企业内外部的信息需按照规定的形式和周期被确认、收集和传输，确保员工能顺利履行各自的任务。沟通的有效性涵盖全方位，不仅仅限于企业内部的垂直（上下级）和水平（同级）交流，还涉及与外界如顾客、提供商、监管机构和股东等关键利益相关者的互动。

为了支撑高效的企业风险管理，企业需利用历史和实时数据。历史数据让企业能追溯过往的表现，对比既定的目标、规划和预期，揭示企业在动态环境中的运营模式，帮助管理层识别模式和趋势，预测未来的业务走向。实时数据则帮助企业即时评估特定时刻的风险，保持在设定的风险承受范围内。

信息是交流的基础，其设计应满足团队与个体的特定需求，以促进其有效履行职责。高级管理层与董事会之间的交流极为重要。管理层需确保董事会获得实时的业务动态、进展、风险评估、风险管理流程的状态，以及所有关键议题和挑战的信息。有效的沟通渠道能大大提升董事会的监管效率，使他们在重大事项上能够提出深入见解、策略指导和必要的支持。

8. 监督

企业风险管控的监察涉及对风险管理框架的要素及运行效果的定期检查，以及对其一段时间内实施成效的评价。这种监察可通过连续监督和独立评估两种方式进行，确保风险管理工作在组织的各个管理层级和部门中稳定实施。连续监督察基于企业日常的、重复的业务活动，灵活适应环境变化，并深深植根于企业运营之中，因此其效力较独立评估更为显著。尽管独立评估是在事后进行的，但持续的监督程序能够更快地发现潜在问题。即便如此，很多建立了稳固的连续监督机制的公司还是会开展独立的企业风险评估。监督程序还包括对公司风险管理文档的审查工作。文档的详细程度取决于公司的规模、业务的复杂性，以及其他相关因素，而完善的文档通常可以提高风险管理监督的有效性。

与《内部控制整合框架》相比,《企业风险管理整合框架》具有下面六个方面的主要特点:

(1)企业风险管理的框架内嵌着内部控制,它与风险管理活动紧密相连,不可或缺。

(2)目标设定有了显著扩展。一是战略层面的管控、财务报告及法规遵从被提升到首要位置;二是财务报告的范畴被扩展至所有对外发布的文档,包括内部管理和监管机构要求的各类报表。风险偏好和风险容忍度的概念也崭露头角,有效的风险管理需在成本控制与潜在损失之间找到平衡,定义了企业的风险接受度——风险种类和规模。风险偏好关乎企业在追求价值增长时对风险的主观接受程度,而风险容忍度是对目标达成过程中的风险数量和金额的阈值,管理层在设定时需兼顾目标的优先级与风险偏好的一致性。

(3)引入了全新的风险视角,强调企业在追求目标的同时,还需从整体企业视角和各部门业务单元出发,全面审视风险的组合效应。

(4)风险评估在风险管理中的核心地位被进一步强化,《COSO 报告》将其细化为目标设定、事项识别、风险评估和应对措施四个步骤,并在组织结构中明确了首席风险官的角色。

(5)控制环境的内涵得到了深化,特别突出了风险管理理念的重要性,强调了董事会的独立性。

(6)信息与沟通环节的扩展超越了传统的界限,企业不仅聚焦于历史数据,还着重考量当前及未来可能影响目标达成的所有动态因素。

从内部控制演进的历程审视,其初衷可追溯至管理实践的需求驱动。随着企业管理和外部审计进程的递进,内部控制的理论与实践越发深化和丰盈。内部控制理论的每一次重大进展,都与企业结构变迁和价值追求息息相关。每当企业的结构或利益相关者发生革新,内部控制便面临新的适应性挑战。顺应社会经济环境的演变,内部控制必将迎来新的发展机遇。然而,值得注意的是,内部控制的现代发展已远远超越审计范畴的界限。从长远视角看,内部控制正逐渐摆脱审计行业的束缚,向着企业运营管理和整体治理的广度与深度延伸。

第二节　我国内部控制法规体系

一、初期内部控制思想

早在我国西周时代，政府结构已经相当成熟。据《周礼》所载，西周国王居于权力顶端，下面设有天官冢宰、地官司徒、春官宗伯、夏官司马、秋官司寇和冬官考工六大职位。当时实行的内部控制措施包括：

（1）财务职责分化，设立了大府、内府、外府、职币等多个部门，专门管理国家财政。

（2）职责独立，将会计记录、收入验证、支出验证和物资保管等任务分配给不同的工作人员执行。

（3）内部审核机制，管理人员负责对财务部门的收支及物资流动进行全面审核，审核结果用于评估官员的绩效。

回顾我国历史，古代内部控制体系始于西周，唐朝时期进一步发展，但在宋代逐渐式微。新中国成立后，实行计划经济，企业缺乏自主权，内部控制概念尚未形成，仅存在对生产、成本和财产安全的基本控制。

进入 20 世纪 90 年代，中国开始推行市场经济，建立股份公司和资本市场，并且借鉴西方的企业管理模式，相关法律法规逐步完善。

1996 年，中国注册会计师协会发布《独立审计具体准则第 9 号——内部控制与审计风险》，规定审计师需评估被审计单位的内部控制，定义其为保障业务、资产和会计信息的政策和程序。1999 年修订并于 2000 年实施的《中华人们共和国会计法》首次明确提出内部会计控制的法律规定，规定了控制目标，涵盖会计行为、会计记录和资产保护等，并且详细规定了内部会计控制的内容和方法，如职务分离、授权审批、会计系统、预算、财产保护、风险管理和内部报告等控制手段。

二、中央企业全面风险管理

2006 年 6 月，国务院国资委推出了《中央企业全面风险管理指引》（以下简称《指引》），强调全面风险管理是企业围绕核心业务目标，通过实施风险管理的系统化程序，在管理各个环节和运营中培育风险管理精神，构建完整的风险管理结构，涵盖了策略制定、风险缓解手段、职能组织结构、信息管理系统和内部控制机制，以此确保实现风险管理的整体目标，并提供有力保障。

《指引》在借鉴国际先进风险管理法规、大型跨国企业的实践，以及国内内部控制机制建设的基础上，详尽阐述了全面风险管理工作中的基本原则、操作流程、组织结构、风险评估、策略选择、问题解决方案、监督提升、企业文化及信息系统等内容。其主要内容可概括如下。

（1）《指引》明确了风险和全面风险管理的概念："风险"指的是未来不确定性对达成企业目标的影响。"全面风险管理"则是企业围绕核心业务目标，通过执行风险管理流程，培育风险管理文化，构建涵盖风险管理策略、风险应对措施在内的全方位管理体系，旨在为实现风险管理目标提供坚实的支持。

（2）《指引》区分了企业风险的两大类别：一是按照战略、财务、市场、运营和法律等多个维度进行分类；二是根据风险可能带来的收益性质，将其分为纯粹风险（仅可能造成损失）和机会风险（同时包含损失和收益的可能性）。

（3）《指引》设定的全面风险管理目标包括五个方面：一是在可控范围内管理风险，使之适应整体目标且可承受；二是确保企业内外信息的透明沟通，如准确的财务报告；三是确保遵循所有相关法规；四是保证企业规章制度和重大决策的有效执行，提升运营效率和效果，降低不确定性；五是建立应对重大风险事件的应急计划，防范灾难性风险和人为错误导致的重大损失。

（4）《指引》详述了风险管理的严谨路径：一是启动风险管理的信息收集阶段；二是执行深入的风险剖析，涵盖风险识别、细致的分析及全面的评估三个关键环节；三是设计多元化的风险管理策略，涵盖接纳风险、规避风险、转移风险、风险转化、对冲策略、寻求补偿及有效的控制手段；四是提出并实施针对性的解决方案，包括可能的外包选项和内部管理措施；五是确保风险管理的持续监督和优化过程。

（5）《指引》阐述了企业风险管理的五大核心架构：一是明确的风险管理策略框架；二是多元化的风险财务策略应用；三是构建稳固的风险管理组织结构；四是先进的风险管理信息系统；五是不可或缺的内部管控系统。

（6）《指引》着重强调了塑造全员风险意识的企业文化的重要性，认为这是企业风险管理成功的重要基石。

三、企业内部控制基本规范

2006 年 7 月 15 日，财政部、证监会、审计署、银监会、保监会联合发起成立企业内部控制标准委员会，同时设立了由 86 位专家组成的内部控制咨询委员会。

始于 2007 年的全球金融危机在 2008 年愈演愈烈，但我国并未因世界经济局势的动荡和企业业绩的波动放慢建立企业内部控制制度体系的步伐。

2008 年 5 月，财政部等五部委联合发布了《企业内部控制基本规范》，要求自 2009 年 7 月 1 日起在上市公司范围内施行，并且鼓励非上市的大中型企业也予以执行。《企业内部控制基本规范》要求："执行本规范的上市公司，应当对本公司内部控制的有效性进行自我评价，披露年度自我评价报告，并可聘请具有证券、期货业务资格的会计师事务所对内部控制的有效性进行审计。"《企业内部控制基本规范》在形式上借鉴了《COSO 报告》中的五要素框架，并且在内容上体现了风险管理八要素框架的实质。它既融合了国外相关内部控制制度的经验，又结合了我国的实际，具有我国自身的特色。它由五部委联合签发，确定了内部控制的五个目标、五个原则及五个要素，搭建了我国企业内部控制体系的框架，标志着我国内部控制制度建设迈上了新的台阶。

四、企业内部控制配套指引

2010 年 4 月 15 日，财政部等五部委出台发布了《企业内部控制应用指引第1 号——组织架构》等 18 项应用指引、《企业内部控制评价指引》和《企业内部控制审计指引》，要求自 2011 年 1 月 1 日起在境内外同时上市的公司施行，在上海证券交易所、深圳证券交易所主板上市的公司自 2012 年 1 月 1 日起施行，并择机在中小板和创业板上市的公司施行，同时也鼓励非上市大中型企业提前执行。这些法规详尽地规定了企业的治理框架，包括结构设计、前瞻性规划、人才配置、社会义务、企业理念等多个维度的管理原则。它具体涉及资金运营、物料获取、资产维护、市场交易、创新研发、建设项目、风险保障、业务转包、财务陈述等多元化的运营控制指南。并且也强调了全面预算管理、契约管控、内部信息流通，以及信息技术系统的运用等精细操作方式。

《企业内部控制评价指引》包括内部控制评价的原则、内容、程序，内部控制缺陷的认定和内部控制评价报告，为企业内部控制评价提供了详尽的依据。

《企业内部控制审计指引》主要包括计划审计工作、实施审计工作、评价控制缺陷、完成审计工作、出具审计报告、记录审计报告等，对注册会计师执行企业内部控制审计业务进行了规范，并给出内部控制审计报告的参考格式，使我国注册会计师对企业内部控制进行审计时有章可循。

《企业内部控制应用指引》《企业内部控制评价指引》《企业内部控制审计指引》的发布，标志着适应我国实际情况，结合国际先进经验的"以防范风险和控制舞弊为中心，以控制标准和评价标准为主体，结构合理、层次分明、衔接有序、方法科学、体系完备"的中国企业内部控制规范体系已基本建成。

五、行政事业单位内部控制基本规范

2012 年，财政部以财会〔2012〕21 号印发《行政事业单位内部控制规范（试行）》，分总则、风险评估和控制方法、单位层面内部控制、业务层面内部控制、评价与监督，从 2014 年起施行。《行政事业单位内部控制基本规范（试行）》所阐述的内部控制，指的是单位为达成控制目标，通过设定规则、采取行动和执行流程，对经济活动可能面临的风险实施的预防和管理。其主要目标包括确保经济活动的合法性与合规性，保障资产的安全与有效运用，确保财务信息的真实性与完整性，以及有效地防止欺诈和腐败现象，提升公共服务业的效率与效能。单位构建和执行内部控制时，应遵循以下原则：①全面覆盖原则。内部控制需涵盖单位经济活动的各个环节，以实现全方位的监管。②重点突出原则。在全面控制的前提下，要特别关注可能对单位产生重大影响的经济活动及风险。③制约平衡原则。内部控制应在部门间、业务流程中实现相互监督和制衡。④灵活性原则。内部控制应适应国家法规要求和单位实际，随着外部环境变化、经济活动调整及管理改进，不断调整优化。单位的主要负责人对其内部控制体系的建立和有效运行负有责任。

党的十八届四中全会审议通过的《中共中央关于全面推进依法治国若干重大问题的决定》明确提出："对财政资金分配使用、国有资产监管、政府投资、政府采购、公共资源转让、公共工程建设等权力集中的部门和岗位实行分事行权、分岗设权、分级授权，定期轮岗，强化内部流程控制，防止权力滥用。"这为行政事业单位加强内部控制建设指明了方向。

为认真贯彻落实党的十八届四中全会精神，针对《行政事业单位内部控制规范（试行）》（财会〔2012〕21 号）施行以来部分行政事业单位在内部控制建设过程中存在的重视不够、制度建设不健全、发展水平不均衡等问题，2015 年12 月 21 日，发布《财政部关于全面推进行政事业单位内部控制建设的指导意见》（财会〔2015〕24 号），对全面推进行政事业单位内部控制建设提出指导意见。各地区、各部门和各单位要把制约内部权力运行、强化内部控制，作为当前和今后一个时期的重要工作来抓，切实加强对行政事业单位内部控制建设的组织领导，紧密结合单位实际情况建立健全内部控制体系。

2017 年，根据《财政部关于全面推进行政事业单位内部控制建设的指导意见》（财会〔2015〕24 号）和《行政事业单位内部控制规范（试行）》（财会〔2012〕21 号）的有关要求，财政部制定印发了《行政事业单位内部控制报告管理制度（试行）》（财会〔2017〕1 号），共八章二十九条，自 2017 年 3 月 1 日起施行。

财政部作为牵头单位之一，按照"以评促建"的工作思路，以"钉钉子"精神积极扎实推进全国各级各类行政事业单位于 2016 年底前建成并有效实施内部控制。财政部印发了《关于开展 2016 年度行政事业单位内部控制报告编报工作的通知》（财会函〔2017〕3 号），首次组织全国各级各类行政事业单位开展 2016 年度内部控制报告编报工作，将其纳入单位决算报告体系。

至此，财政部初步搭建了包括《行政事业单位内部控制规范（试行）》《财政部关于全面推进行政事业单位内部控制建设的指导意见》《行政事业单位内部控制报告管理制度（试行）》等制度在内的"四梁八柱"单位内部控制制度体系。

六、企业内部控制规范

2017 年 6 月 29 日，为贯彻落实党中央、国务院关于"稳增长、促改革、调结构、惠民生、防风险"的有关要求，引导和推动企业加强内部控制建设，提升经营管理水平和风险防范能力，促进企业健康可持续发展，根据《中华人民共和国会计法》《中华人民共和国公司法》等法律法规及《企业内部控制基本规范》，财政部制定了《小企业内部控制规范（试行）》，共四章四十条，鼓励有条件的企业执行，自 2018 年 1 月 1 日起施行。

七、中央企业内部控制最新要求

为深入贯彻习近平新时代中国特色社会主义思想和党的十九大精神，认真落实党中央、国务院关于防范化解重大风险和推动高质量发展的决策部署，完善中央企业风险防控机制，全面提升中央企业内部控制体系的有效性，国务院国资委印发了《关于加强中央企业内部控制体系建设与监督工作的实施意见》（国资发监督规〔2019〕101 号）。这是对深化国企改革、推进国有资本授权经营体制改革的重要保障性配套政策。

（一）建立健全内控体系，进一步提升管控效能

1. 重塑管控框架

强调内控体系以风险导向和合规核心为基石，深度整合于业务流程中，构建起一个无缝隙、全员参与、全程监控的综合防控网络，确保风险、内控与合规的协同运作。

2. 加强集团治理结构

中央企业的高层领导被赋予内控体系监督工作的首要职责，他们需引领并

确保覆盖所有业务板块、部门与岗位，以及所有层级子公司的健全内控架构。内控专门部门负责整体协调，各部门需对体系的有效运行负直接责任，而审计部门则强化对内控系统的独立监督。

3. 完善内部规则体系

对现有内控、风险和合规管理法规进行全面审查，迅速转化外部监管要求为企业内部执行规范，明确规定对违规经营投资的责任追究，并强化制度执行的铁律约束。

4. 强化评估与监督机制

风险、合规管理政策的制定与执行纳入内控体系的全面评价体系，采用定性和定量相结合的方法，设立明确的内控缺陷、风险评估和合规度量标准，以确保体系的公正与有效性。

（二）强化内控体系执行，提高重大风险防控能力

强化日常关键领域的监管和核心职位的权限分配，构筑坚固的风险防范体系。实施严格的规程，规定在进行重大业务改革、转制或合并前，必须预先执行详尽的风险专项评估。这个评估报告不仅包括潜在风险的识别，还包括详细的应对策略和应急计划，作为推动这些重大决策的重要依据。任何可能超越企业风险承载力或者缺乏有效应对策略的决策提案，都将被严格审慎对待，不允许推进实施。

（三）加强信息化管控，强化内控体系的刚性约束

在探讨内部控制体系的信息化建设方面，强调了各个关键部门的紧密协作。即业务部门、审计部门及信息技术部门应携手并进，共同推进集团的重大事项决策、投资项目管理、财务资产运营、物资采购流程、全面风险管理和人力资源管理等核心业务系统的深度融合。目标是逐步构建起内控体系与业务信息系统之间的无缝对接和深度整合，从而显著提高数字化效能，有效降低人工失误或违规操作的可能性。

（四）加大企业监督评价力度，促进内控体系持续优化

1. 推行企业自主评估

国有企业的子公司需要每年独立进行内控体系效能的深度自我评估，公正、翔实地揭示运营中潜在的内部控制漏洞、风险隐患及合规挑战，形成详细的自我评估报告，并经高层管理团队审议后，按程序上报至总公司。

2. 提升集团级监督审查

中央企业需制订严谨的年度审查计划，重点关注核心业务、关键操作环节及关键职位，对旗下企业的内控体系进行定期审查，确保每三年全面覆盖所有子公司。同时，海外资产的管控也被纳入审查范畴，特别关注海外项目的重大决策、重大项目配置、大额资金运作，以及海外子公司的治理状况。

3. 强化第三方审计介入

根据审查结果和实际需要，可以委托具备专业资质的第三方审计机构针对特定子公司进行专项内控体系审核，并出具审计报告。对于内控监管缺失、风险频发或合规问题严重的中央企业，务必引入专业中介进行深度审计评价。

4. 利用审查结果推动改进

充分利用审查结果，明确改进措施的责任部门、责任人及其完成期限，并对改进效果进行追踪评估。子公司需根据内控一体化的工作要求，编制年度内控体系工作报告，并及时报国资委，同时抄送企业纪委（纪检监察组）、组织人事部门等。企业还应建立与内控审查结果紧密关联的绩效考核机制，根据考核结果实施扣分、薪酬调整或岗位调整等相应的措施。

（五）加强出资人监督，全面提升内控体系的有效性

构建出资人监督与检查的工作框架，实施内控体系的定期评估机制，确保每年有专项团队对中央企业在核心业务和关键领域的内控效能进行抽样评估。并且加强纠正措施的执行，将企业的整改进程纳入年度内控体系评估范畴，对整改不足的情况发布警示函和通告，以强化整改责任，杜绝流于表面或重复整改的现象。

充分利用企业内部的监督潜力，整合内部监督资源，强化企业董事会或委派董事的决策、审查及监督职能，有效地运用企业监事会、内部审计、内部巡视巡查等监督成果，并且结合出资人监管、外部审计、纪检监察及巡视反馈的问题，不断优化企业内控体系的建设。严格执行责任追究，根据《中央企业违规经营投资责任追究实施办法（试行）》（国资委令第 37 号）等规则，及时揭露并上报违规违法经营投资的线索，严肃处理企业集团的管控失职，以及各级子公司在内控体系建设中的不尽职或执行不力行为。

2019 年 12 月 31 日，国资委最新下发的《关于 2020 年中央企业内部控制体系建设与监督工作有关事项的通知》中明确规定，日后将用《××××年度内控体系工作报告》替代运行了 12 年的《中央企业年度风险管理报告》和运行了 7 年的《中央企业内部控制评价报告》。其中，2020 年内部体系建设与监督工作的相关要求，以"强内控、防风险、促合规"为目标，积极推进内部控制、风险管理、合规管理和监督整合优化等工作。

整体来看，经过长期实践，人们对内部控制的认识经历了逐步改进和完善的过程。从实际操作的角度，企业本质上需要回答以下三个问题。

1. 企业为什么需要采取控制措施

（1）推动企业运营的任务执行。

为了达成持久的成长，企业需将战略规划转变为明确的经营指标，接着将这些指标细化为一系列实际操作的业务流程（如制造、配送、收款等）。这些活动的顺利进行离不开健全的内部控制体系的支持。

（2）应对业务活动中可能出现的挑战。

在执行业务过程中，企业常常会遭遇各种风险，如生产暂停、配送失误、收款延迟等。内部控制的作用是帮助企业有效管理并限制这些风险，确保其处于可控范围内。

2. 企业需要采取什么样的控制措施

在对先前问题的探讨告一段落后，公司需周详地评估其组织结构、人力资源配置，以及信息科技化的程度，依赖专业洞察来挑选合适的管控工具。有效的控制措施应具备明确的实践性，体现在以下两个方面：

（1）针对特定的业务活动实施核查或检验。如在产品最终阶段进行全面质量检测，或在合同签署前进行专业的法律审查。

（2）持续记录一类事件，并不断对比核实这些记录。例如，持续维护各类资产的会计账簿，并根据账目信息定期核查资产状况。

3. 企业如何确保控制措施落实到位

有效的控制措施唯有在实际执行中才能展现其效能，这要求我们采取以下措施：①确立明晰的职责分工；②进行持久且有影响力的宣传教育；③设定公正的绩效评估与激励机制；④执行不间断的监管并及时纠正偏差。

总体来看，内部控制与企业的宏观战略相联，又影响日常运营细节，它涵盖了公司的结构设置、职责划分、业务流程规划等关键的管理领域。对于多数持续运营的企业，内部控制并非可有可无的附加品，而是抵御风险、保持稳健运营的必备基础。

第三节　内部控制的类型与局限

一、内部控制的类型

（一）按控制内容的不同划分

1. 基础控制

基础控制涉及对内部环境的整体管理，即通常所说的环境控制，涵盖组织结构、人力资源、业务记载和内部审计等多个方面。这种管控的特点是间接影响运营活动。

2. 应用控制

应用控制又称为业务控制，直接针对企业的具体经营运作进行。它是建立在核心管控基础上的，并且也是对其的细化延伸。强大的核心管控为有效执行操作管控奠定了坚实的基础。审计人员理解这两者之间的关系至关重要，可以提升他们评估内控效率的能力。在评估过程中，审计师的首要任务是检验核心管控，以判断其是否足以支撑操作管控的高效运行，据此决定是否需要继续深入评估操作管控。这种方法避免了无目标的审计测试，减少了无效工作，大大提升了评估效率。

（二）按控制目标的不同划分

1. 财产物资控制

财产物资控制着重于企业的策略性保护，确保资产的完整与安全，通过一套严谨的管理体系来维护其完好无损。

2. 会计信息控制

会计信息控制是企业确保会计文件、记录和报告的精确性和真实性的重要手段，通过精细的内部监控机制来保障其准确无误。

3. 财务收支控制

财务收支控制是企业对资金流动进行的有效监管，旨在维护收支的公正合法，通过一套严密的流程和管控措施来维持财务活动的合理合规。

4. 经营决策控制

经营决策控制聚焦于企业战略决策和政策执行的精准操控，通过一套系统化的决策程序和执行机制，以确保决策的正确性和有效性得以贯彻。

5. 经济效益控制

经济效益控制的目标是提升企业的运营效率和有序性，通过精心设计的控制程序和管理策略，确保各项经济活动高效且有序地开展。

（三）按控制地位的不同划分

1. 主导性控制

主导性控制是指为了达成特定管理目标而率先采取的管控手段。通常情况下，这种策略能有效地预防错误发生，然而，如果其功能失效，就需要其他辅助性的管控措施来填补空白。

2. 补偿性控制

补偿性控制是指那些能在一定程度上弥补主导性控制缺陷的策略。这种分类是根据潜在的失误或特定的管控目标设定的，因此，其角色可能会随着情境的变化而转换，从首要变为辅助，反之亦然。

理解主导性控制和补偿性控制的区别对审计师进行全面、精准的内部控制评估特别重要。在评估过程中，先要确认主导性控制是否健全且有效，这表明内部管理系统能正常运作。若不然，审计师需进一步探索是否存在补偿性控制，并考察其在修复主导性控制漏洞上的实际效力。这样做的目的是确保评价的全面性和准确性，以避免评估误差的产生。

（四）按控制功能的不同划分

1. 预防式控制

预防式控制是一种旨在阻止错误和不法行为出现，或者尽可能减少这些情况发生的策略。其核心的关注点是"如何从源头上避免错误和欺诈"。如实施访问限制、双人保管制度、印章密钥独立管理等措施。

2. 侦查式控制

侦查式控制是为了能够迅速识别已经发生的错误和不法行为，或提高发现这些问题的可能性而设定的控制手段。它主要应对的问题是，一旦错误和欺诈行为发生，应如何有效地追查，例如，通过账户对账、实物盘点等活动进行检查。

（五）按控制过程的不同划分

1. 预先控制

预先控制是指企业在启动行动前，为确保人力资源、物质资产及财务资源在品质和规模上保持精准，采取的严谨管理手段。例如，实施专项开支的前置审核程序。

2. 过程控制

过程控制是企业在日常运营中实时对当前活动的执行进行监控，如推行的"四双"制度，确保每个环节的有效进行。

3. 结果控制

结果控制是指企业对生产运营的终极产出进行一系列后续核查，例如，定期进行指标真实性的验证，以及任期责任的审计，从而确保最终成果的合规性和有效性。

二、内部控制的局限

有效的内部控制制度致力于提升组织运营的效能和效率，保障资产安全，并增强财务报告的可信度，以此支持管理层实现目标。然而，值得注意的是，无论内部控制在设计和实施上多么严谨，都无法彻底消除其内在的局限性，它始终存在一定的缺陷。

（一）制度设计的局限性

1. 成本限制

依据效益与成本的平衡原理，建立和运行内部控制体系确实需要付出代价。企业需审慎评估其潜在的利益与成本，采用公正且实际的策略，有针对性和侧重点地挑选控制环节，以达成高效的管控。这意味着内部控制的实践始终在成本与效益的比较中进行决策。内部控制的核心目的是助推企业价值的提升，如果某项控制措施的效益不足以覆盖它的成本，那么就应舍弃该措施。成本效益原则不仅引导内部控制活动紧密贴合目标，也限制了内部控制制度的理想化构建，使其无法臻于至善。

2. 例外事件

内部控制体系主要侧重于在企业的日常运营中实施，对常规业务和事务进行监管。但在实际操作中，鉴于外界环境的复杂性和动态性，企业时常会遭遇预料之外的突发状况。这些异常事件因其独特性和不可预测性，往往超出既定规则的范畴，导致内部控制出现无法触及的领域。换句话说，内部控制的一个明显弱点就是对异常事件的无力应对。面对这类特殊情况，企业管理层通常依靠自身的专业知识、经验和对环境变迁的敏锐洞察来决策，这就是所谓的"异常管理原则"。

（二）制度执行的局限性

1. 越权操作

内部控制体系的有效运行常常依赖于严谨的授权批准程序。这个程序赋予各层级员工和部门不同程度的职责范围，旨在确保决策与操作的有序进行。然而，当内部管理者的权限超越了制度设定的界限，就可能发生权力滥用的情况。这种滥用行为潜在风险极高，轻则可能导致工作效率混乱，流程脱节；重则可能滋生贪腐行为，甚至触犯法规，引发严重的法律问题。在实际案例中，正是由于管理层的越权操作，引发了众多重大的欺诈案件和财务报告的失真，揭示了其背后的重大影响。

2. 串通舞弊

内部控制体系的根基是内部制约的原则，其核心思想是通过职责分离，使得在处理任何业务过程中，两位或更多人员或部门同时犯相同错误的概率低于单一人员或部门。同样，协同欺诈的行为在两人或多个部门之间发生的可能性也远低于单个人员或部门。然而，内部控制制度期望的管控效果得以实现，主要依赖于公司员工严格遵守相关规定。一旦员工合谋欺诈，或者内外勾结，这种内部制约的理想状态将被严重破坏，进而削弱制度的效能，最终可能导致内部控制系统的失效。

3. 人为错误

内部控制体系的构建与实施本质上是由人类操作的，这就引入了设计者个人经验与知识边界的影响，可能导致无法避免的人为错误，从而引发生效障碍。再者，负责执行内部控制的人员，可能由于疏忽、注意力分散、健康状况影响下的判断偏差，或是对上级指示的误读，也会使内部控制失去效能。

第四节 企业内部控制措施运用

一、不相容职务分离控制

（一）不相容职务分离控制的基本要求

"不相容职务"指的是那些一旦由同一个人同时承担，可能导致错误加剧和欺诈风险提高，且可能掩盖潜在违规行为的关键职位。这些职位涵盖了一系列关键职能，如授权审核、执行操作、财务记录、资产保管和内部审计等。具体来说，不相容职务包括审批与执行任务的分离、执行与财务记录的分离、财务记录与实物管理的分离、执行与审计审查的分离，以及审批与监督评估的分离。为了确保企业的合规运营和风险防范，企业应深入分析每个经济活动流程的独特性，识别涉及的不相容职务，并根据岗位职责制定相应的隔离策略。在技术条件允许时，企业应充分利用信息技术，通过权限设置，自动在职务间实现有效隔离。

不相容职务的分离控制是企业内部控制的基础原则，强调对业务流程中职务的全面、细致划分和隔离措施的实施。这种做法的目标是建立一个责任明确、相互制约的工作环境，确保每个岗位都能专注其职责，承担起相应的责任。

忽视不相容职务可能导致欺诈风险大大提升。例如，采购过程中的采购审批与具体执行，如果由一人负责，这个人将掌握决定采购项目、数量、价格和时间的决策权，缺乏有效的外部监督，这就为潜在的欺诈行为提供了机会。同样，在会计工作中，如果违背职务分离原则，比如，同一人同时掌管支票印章和签发，或负责记账和银行日记账，就会大幅增加舞弊风险的可能性。

（二）不相容职务分离的核心要求

企业构建内部控制的核心理念是实施"内部牵制"。因此，在设计内部控制策略时，首要步骤是准确识别并划分不相容的职位和职责。企业需明确各机构和职位的职能与权力界限，确保不兼容的职位之间形成互相监督和制约的机制，以建立一个强大的平衡系统。

不相容职务分离控制本质是会计内部控制中的策略规划控制实践。建立此类控制时，企业需依据自身的业务目标和职能，遵循科学、精干和高效的原则，精心设定各个部门和具体工作岗位。每个部门和职位的职责与权限应清晰界定，确保所有员工了解自身职责并承担相应责任。

企业应根据岗位特征和重要性，建立并优化岗位轮换政策，以预防关键风险并在早期发现。特别是在财务等关键职位，企业需明确员工轮岗的时间表和规范，增强职责分工控制的效力。

由于不相容职务可能导致错误或欺诈行为，并可能掩盖这些问题，内部控制体系强调执行职务分离至关重要。同时，强调对关键岗位实行定期轮换，以增加欺诈行为被发现的可能性。在交接期间，员工的行为将受到同事的监督，减少欺诈行为的发生和隐藏。例如，美国货币管理局规定银行员工每年需有一周假期，其间工作由他人接手，目的是检测潜在的欺诈行为。这样的强制轮岗或带薪休假策略能大大提高欺诈暴露率，从而降低员工欺诈的动力。因此，对中国企业来说，建立财务和管理层的强制轮岗或带薪休假制度尤为重要。

虽然职务分离和岗位轮换是强化内部制衡的有效工具，但不应将其视为内部控制的全部。实际上，内部制衡只是内部控制的基础形式，尽管它是现代内部控制体系的关键组成部分，为组织控制和职务分离提供了基础。然而，现代内部控制包含了预算控制、资产保护、人员素质、风险管理、内部报告、电子信息系统及内部审计等多个维度的控制，这些控制措施协同作用，构建了企业全面的内部控制框架，远远超越了内部制衡的范围。

（三）不相容职务检查的主要内容

不论是简单的还是复杂的经济事务，其执行都需要至少两个部门或个人的协作，并保证参与流程的各方能进行有效的审查和核对。如果公司没有适当的职责划分，出现错误和欺诈的可能性会大大增加。以开支票为例，这一过程需涉及申请者、签署者、核查者、盖章者和记录者等多个角色，确保各环节间有相互的检验和制衡。

实践经验显示，严格监控以下五个关键职责的分离，有助于及时揭露并防止错误和欺诈行为：第一，授权审批与实际操作应分开；第二，操作任务与监督审核不可混为一谈；第三，操作职能与会计记录应保持独立；第四，财产管理与会计记录需分离；第五，执行业务的职能与财产保管职能也需划分清楚。

为了确保每个财务活动的审查公平有效，审查者不应处于被审查者的直接管理之下，以免问题被隐瞒，延误改正。例如，仓库管理员在发现物料质量或数量问题时，可能会向上级汇报以引起管理层注意。但若仓库管理员的上级就是采购员，这种报告可能会引发冲突，阻碍问题的解决。同样，若销售经理的上级是负责生产的副经理，当销售问题源于产品质量时，上级可能出于自身利益掩盖问题，导致问题无法及时得到妥善处理。

权力和责任应明确地赋予特定的部门和个人，并给予他们适当的自主权，以确立组织内各经济岗位的清晰责任。这种分配应当以书面形式明确规定，以保证准确性和可追溯性。如果存在有责无权的情况，内部控制的责任执行将受到阻碍，所以一旦发现这种情况，应及时调整。

（四）不相容职务分离控制的主要目的

职务分离管理，作为一种严谨的管理原则，其基础是将经济活动的执行权限分解到不同的个体手中。这种策略的设计理念是每个岗位的行动实际上构成了对其他岗位的无形监督，以确保效率与透明度。其主要目标是防范并迅速揭示潜在的失误和不当行为，尤其针对可能存在的职务冲突。

从内部控制的视角审视，如果某人同时负责多项职责，而这些职责的交叉可能导致错误或欺诈行为难以被现有监控体系发现，那么我们有理由认为这些职责存在不兼容性。在这种情况下，必须强制实施职务分离，无论是部门间的职责划分还是内部角色的明确界定。

职务分离的核心原则包括：所有关键业务，特别是涉及资金流动的事务，必须由多个岗位共同参与处理，避免单一岗位独揽；责任转移的过程不应由单一岗位单独操作；岗位成果的评估不能仅仅依赖于个人的自我判断；对于财务等关键决策权的行使，必须接受定期且独立的第三方审计。这样的举措旨在强化系统的完整性，防止潜在的风险。

二、授权审批控制

（一）授权审批控制的基本要求

授权机制是组织中的一种核心管理策略，它涉及将特定任务或决策权分配给特定个人或团队，分为普遍授权（通常称为一般性授权）和特别授权两种形式。普遍授权是日常业务处理中的常规决策权赋予，而特别授权是针对特殊事件或突发情况的临时决策权授予。

在企业运营中，授权批准过程是不可或缺的法规遵循，它规定了经济活动决策与执行必须经过严格的审批步骤，以确保业务的合规性和运营效率。这一流程明确了每个决策点的审批路径，强化了内部控制。

授权审批控制的核心是设定明确的权限边界，每个岗位和职务在其职责范围内应有清晰的操作指南、审批路径及责任划分。这样能确保内部决策和执行过程既有序又规范，避免权力滥用和错误决策的发生。

在实际操作中，授权控制体现在严格的审核批准环节，各部门需按既定的授权级别和程序，严谨地检查经济活动的准确性、合规性、合理性，以及相关文件的完备性。参与决策者需通过签署意见并签字确认，作出批准、拒绝或进一步处理的决定。

为了实现高效且负责任的授权管理，企业应制定详尽的一般性授权指南，明确各级管理者和部门的权限界限。同时，对于特别授权，要设定明确的范围、条件、流程和责任，确保其合理有效。企业需严防权力滥用，所有管理者应在授权框架内行动，并承担起相应的职责。

（二）授权批准的形式

1. 常规授权

不同于特定任务的特别授权，常规授权是企业日常运营中不可或缺的一部分，它基于明确的职责和流程进行分配。在构建常规授权框架时，平衡授权的广度与深度十分重要。过度的授权可能滋生潜在的风险，而过于严格的限制可能会阻碍工作效率。常规授权主要针对日常高频且金额较大的事务，比如，赊销中的定价标准和信用限额，它的有效期通常较长，适应企业长期运作的需求。

为了增强权力透明度并强化权限执行的监控，企业会制定详细的权限指南，并以公开可理解的方式发布。这有助于员工明确自己的职责和权限边界，确保业务流程顺畅进行。常规授权的设立通常伴随着关键业务管理者的任命过程。在组织结构中，可能以职务责任书或管理手册的形式明确授予权限。在财务领域，常规授权通过设定操作条件和覆盖范围来具体化，例如，会计部门可能会指定一人负责支票审核，只有当符合支票签发规则的部门和个人提出申请，被授权者才会根据既定政策处理支票审核事务。

总的来说，常规授权是企业稳健运营的基石，通过合理的制度设计和透明的沟通机制，以确保权力的合理使用和业务的高效运行。

2. 特别授权

特别授权是企业应对特殊情况或特殊条件时所采取的独特授权模式，主要用于那些被管理层视为必须经过特别审议的个别交易。这类授权涵盖了诸如海外投资、资产处置、资金调动、结构重组、并购整合、金融担保、财务承诺和关键商业交易等高风险决策，以及超越常规权限的常规操作。特别授权具有针对性，仅针对特定业务条件和指定人员，通常由企业高级管理层严格掌控。

与一般的授权形式相比，特别授权是对异常、非标准情况下的权力、责任和程序的特殊设定。它主要针对那些不常见、重大且持久的融资行动和投资决定等核心业务。相比之下，日常运营、短期任务和日常运营事务通常归于常规授权的管理之下。

对于企业内部涉及重大业务和关键事件，尤其是涉及巨额资金、高度影响力、技术密集和影响深远的经济活动，企业应坚决推行集体审议或联合签名的决策机制。此制度旨在强化决策过程的公正性、公开性和科学性，杜绝个人独断和未经许可修改集体决策的现象。任何决策者不得独自处理这些重大事项，也不能擅自改变集体讨论和确定的结果。

（三）授权批准体系

1. 授权批准的范围

所有企业的运营活动原则上应囊括在授权批准的框架内，以实现全面预算管理和全局控制。授权批准的涵盖面不仅涉及各类业务的预算（规划）编制过程，还应授权相关人员执行随后的程序处理，并且需将业务绩效报告的编制与评估权授予相应的人员。

2. 授权层次

授权应当是有层次的，以应对各种不同的状况。依据经济行为的重要性和涉及资金的规模，设定差异化的授权审批级别，这有助于确保各级管理层及相关人员权责分明。在构建授权批准体系时，需顾及连贯性，确保所有可能的情形都被涵盖其中，消除任何权限管理的盲点。同时，应允许根据实际情况的变迁，不断地对相关制度进行更新和完善，灵活调整授权级别。对于新兴的业务，应及时设立相应的规范；若交易金额范围发生变化，原有层级划分也应随之调整。

3. 授权责任

授权接收方需清晰界定自身在行使权力时的责任领域，以防出现责任模糊的情况，当问题出现时，能明确追究责任。以处理差旅费报销的流程为例，此业务应参照公司整体组织计划对各部门的权限和职责设定相应的规则。通常情况下，此业务涵盖三个部门及相关个人：报销人和其所在部门的主管需确保报销事项的真实准确性；负责审核的部门和员工需确认费用是否符合报销规定；会计部门需检查相关凭证的合法性和完整性，只有满足条件的才会批准报销。

4. 授权批准程序

企业的财务活动不仅仅限于外部单位间的物质和服务交易，还包括企业内部资源的调动和利用，这些活动形成了一个复杂的流程网络。为了确保每个环节的有效管理和合规性，企业有必要详细制定各类业务的操作规程，通过严谨的审批流程来执行，防止越权和违规审批的现象出现，从而维护企业运营的秩序和效率。

（四）授权批准管理要求

任何企业员工未经合法许可，都不具备行使职责的资格，这是基本准则。未经合法许可，任何人都无权审批；有授权权限的个体需在限定的权限内履行职责，禁止超出授权范围。公司章程应明确规定，包括股东大会对董事会的授权原则及授权内容。

所有业务操作必须获得合法授权，否则不得执行。企业内部各级管理机构需在其授权范畴内执行权力并承担相应责任，而执行人员同样需在授权的界限内处理事务。

若审批者超出授权范围进行审批，执行人员有权不予办理，并须立即向上级授权部门报告此情况。

（五）授权批准检查制度

1. 检查凭证和文件

当经济交易进行并达成时，往往伴随着一系列凭证和文档的制作和核查过程，这些文件，特别是其精确度和官方印记，作为权限授予行为的实证依据。通过详细审查，我们可以了解授权流程的执行效率。比如，对比采购订单和收据，旨在验证采购活动是否遵循了既定权限，价格合理性，以及付款方式的合规性。若发票上的数量和金额与订单不符，且付款仅依赖于发票，这就揭示了采购和付款授权流程可能存在管理漏洞。

2. 现场观察

实地考察授权批准的作业环境能有效评估其工作的品质。比如，一家公司在采购时要求通过电话获取三个报价后再下达订单。若要验证执行人员是否遵循了这样的授权批准规则，唯有通过直接的现场观察，才能获取确凿的信息。

三、会计系统控制

（一）会计系统控制的基本要求

会计作为信息时代的中枢平台，对内为管理层输送多元的经营决策数据，对外则为投资者、债权人等关键利益相关者提供不可或缺的决策支持。严格的会计管理体系要求企业遵循国际会计准则，强化会计基础工作，明确各个环节的操作流程，包括会计凭证的生成、账簿管理及财务报告的制作，确保政策选择和审批过程的标准化。通过建立完善的档案管理制度和明确的岗位职责，会计人员得以有效履行其监督职能，保障财务信息的真实性和完整性。

企业应依法设立专门的会计部门，并配置专业会计人员，所有从业者需持有有效的会计从业资格证书，而会计机构的领导者需具备高级会计师的专业资格。对于规模较大的企业，应设立总会计师一职，以避免与其他职务冲突，确保财务管理的独立性。

会计系统控制的核心是通过量化手段管理企业的经济活动，包括确认、衡量、记录和报告。日常会计操作涵盖了多个关键环节：实施科学合理的岗位分工，形成相互监督的机制；确保按规定获取并填写原始凭证，设计标准化的凭证模板；实施连续编号系统，规范凭证流转路径；明确装订和保管文档的责任；合理设立会计科目，精确记录在账簿上，采用复式记账法；严格遵循《中华人民共和国会计法》和国家统一会计制度，严谨编制、提交并妥善保管财务报告。

（二）会计记录控制

1. 凭证编号

凭证编号在企业管理中扮演着重要的角色，它确保了凭证发行的有序性，并且监控相关交易文件，如支付指令、发票、订单和库存收发记录，便于检索，防止双重记账或遗漏。连续的编号序列也在一定程度上降低了欺诈行为的风险，如篡改发票或银行收据。

2. 复式记账

复式记账法确保了所有经济活动的详细记录，按照其因果关系全面地反映在各个账户中。这种方法使账户体系完整且系统地展示了会计要素变化的全貌，通过借贷平衡，能有效确保会计记录的准确性，进而保证信息的准确无误。

3. 统一会计科目

企业应根据会计标准的规定和实际运营需求，建立统一的会计科目框架，尤其是大型企业集团，需要对子公司的具体会计科目设定进行统一，以实现一致的核算标准和有效的分析。企业通常会列出一个包含所有会计科目的清单，包括科目代码、名称、层次和类型等详细信息，并对每个账户的功能进行描述。对于会计准则没有明确规定的具体科目，企业有权自主设立。

4. 会计政策

会计政策的制定需遵循会计准则的规定，并且考虑企业的内部控制和管理需求。企业应制定专门的会计政策文档，确保相关人员熟悉，如有需要，可在整个集团范围内统一部分会计政策，以简化汇总管理和绩效评估，从而降低错误发生的概率。

5. 结账程序

结账，作为财务管理的核心环节，旨在周期性地整理并核实财务记录，涉及收入和支出的精确计算，以此展示年度运营绩效。它涵盖了对资产、负债及所有者权益的全面核查，以得出期末的最新余额，为下一阶段的财务转移奠定基础。

企业可以通过构建流程图（也称作业网络图）来系统规划结账的各个环节，如步骤、内容、预期完成的时间及责任人，以确保整个过程按部就班。严谨的清算程序不仅能够确保会计事务的实时完成，还能即时查错纠偏。此外，流程图还可用于设计内部会计控制的路径，追踪凭证流转的关键节点，强化管理监督。

随着信息技术的进步，一些公司利用网络平台实时追踪每一项经济活动的会计处理进度，从部门划分到具体人员，动态显示在内部网络中，实现实时监控，确保结账流程的顺畅执行。

流程图作为一种直观的图形工具，由特定的符号构成，清晰地展示了企业内部各部门和职务之间的互动关系。它是企业运营管理的有效辅助，更是评估内部控制效能的关键评估方式。

（三）内部会计控制规范

内部会计控制体系是组织为保障财务信息可靠性，维护资产安全完整性，以及确保法规政策和内部规定得以有效执行而设定的一系列管控手段、策略和流程。它构成了企业内部控制系统的重要部分，甚至可被视为其核心要素。随着市场经济的深化，控制机制在企业管理中的地位越发凸显，内部会计控制的重要性也将得到更广泛的认可。企业运营的强化，必然伴随着内部会计控制的重视程度提升。

有一种观点误以为内部控制等同于内部会计控制，但实际上这是片面的理解。内部控制不仅仅限于会计领域，还渗透到企业的所有运营环节，包括采购、生产、销售、财务、研发和人力资源等方面，都需要建立全面的内部控制机制。一般情况下，内部控制可分为内部会计控制和内部管理控制两大类，这一区分对审计行业产生了深远影响，推动了制度基础审计的发展。内部会计控制和内部管理控制之间存在着紧密的联系，难以进行绝对区分。

（四）内部会计控制分类与主要内容

内部会计控制系统应全面覆盖企业的财务会计管理流程，构成其核心与关键部分，明确指出需要管控的经济活动和步骤。按照财政部《内部会计控制规范——基本规范（试行）》的规定，企业内部会计控制主要包括以下九个方面的内容。

1. 货币资金控制

对货币及资金管理的不兼容职务应实施分离，各个机构和人员之间需相互制衡，以保障货币资金的安全性。审批者需依据设定的货币资金授权批准制度，在其权限范围内进行审批，不得逾越权限。执行者应在自己的职责范畴内，遵循审批者的批准决定来处理货币资金业务。若审批者超出授权范围进行审批，执行者有权拒绝执行，并立即向上级授权部门报告。企业在进行货币资金支付时，应遵循申请、审批、复核及办理的既定顺序。

2. 实物资产控制

企业务必构建完善的实物资产管理体系，对关键流程如入库检验、领用分配、库存管理及资产处置实施严格的岗位责任制度，以预防资产的非法损失、损坏或流失。

3. 对外投资控制

企业应确立严谨的投资决策框架，通过集体审议和联签制度，强化投资项目从立项、评估、决策到执行和处置的全程会计监管，严控投资风险的各个环节。

4. 工程项目控制

对工程项目管理，企业需设定明确的决策流程，明确各相关部门和人员的职责权限，并建立投资项目责任制度，强化预算、招标、质量监控等会计控制，防止决策失误和施工过程中的不当行为。

5. 采购与付款控制

在采购与付款业务中，企业应优化组织结构，完善控制程序，强化请购、审批、合同签订、采购、验收和付款等环节的会计监督，堵住潜在的漏洞，降低采购风险。

6. 筹资控制

企业在筹资活动上，应科学规划资金规模和结构，精心挑选融资手段，以降低资金成本，并且强化财务风险管控，确保筹集资金的高效利用。

7. 销售与收款控制

在制定销售策略时，企业需充分依赖会计部门的专业知识，强化合同签订、商品交付和账款回收的会计控制，以减少不良债务的风险。

8. 成本费用控制

成本费用管理的基础工作尤为重要，企业需设定明确的成本标准，细化费用目标，监控成本偏差，考核指标完成情况，并依据结果实施奖惩，以此来降低成本，提升经济效率。

9. 担保控制

对于担保行为，企业必须建立严格的决策程序和责任体系，明确规定担保条件、责任范围及担保合同管理，密切关注被担保方的运营和财务状况，以此预防潜在风险并减少可能造成的经济损失。

四、财产保护控制

（一）财产保护控制的基本要求

企业应竭力保护其资产，防止未经许可的个人干预或处理，为此，应实施一系列措施，如周期性盘点、详尽的财产记录、账户与实物的比对及财产保险，以保证所有资产的安全和完整性。《企业内部控制基本规范》第三十二条指出："财产保护控制要求企业建立财产日常管理制度和定期清查制度，采取财产记录、实物保管、定期盘点、账实核对等措施，确保财产安全。企业应当严格限制未经授权的人员接触和处置财产。"

（二）限制接近

限制接近意味着非授权人员不得轻易接近资产，只有获得明确许可的员工才能触及。这涵盖了防止对资产的直接物理接触，也包括通过文件审批对资产使用或分配的间接操纵。对于流动性高的资产，如现金、有价证券和库存，必须严格限制非相关人员的直接接触。

1. 限制接近现金

应当指定特定的财务人员负责现金的收付操作，他们应独立于负责监控现金余额的会计，以及登记预收账款的员工。为了确保资金安全，可以设立独立的、封闭的出纳办公室，或者使用配备锁具的收银柜。此外，零星现金的支出可以通过建立一个由专职会计监管的备用金系统来实施管控。

2. 限制接近其他易变现资产

对于其他易变现资产，如应收票据和证券，通常采取双重控制策略，即保证至少两人同时参与资产的接触和管理。这可能包括将这些资产托管给银行等外部机构，并规定在处理此类资产时需要两位管理人员共同签署授权。

3. 限制接近存货

在制造和分销行业中，库存的实体安全可通过委派专业仓储管理员进行监管，建立独立且封闭的存储区域，并严格管理在工作时段内外进出仓库的权限来保障。至于零售业，库存的安全可以通过在运营时间内和运营时间后限制接近库存区域的途径（如安装防盗报警系统，限量分发仓库钥匙）来维护。此外，对高价值商品使用锁定的展示柜，以及雇用人员进行日常巡查并运用监控设备，同样是确保实物安全的有效控制手段。

（三）定期盘点

定期盘点涉及对实际物质财产的系统性检查，并对比其财务记录。如果核查结果与财务记录不符，可能揭示出管理不当、资源浪费、损耗或异常情况，这要求深入探究原因，明确责任，并改进管理措施，以确保资产的妥善管理。

1. 定期与会计记录核对

确保实物资产与财务记录的一致性对于资产的安全性至关重要，尽管不能完全排除两者同时存在错误的可能性。在盘点过程中，一般建议先清点实物，后核对账目，以避免可能存在的盈余资产遗失。

2. 进行差异调查与调整

任何实物盘点与财务记录之间的偏差应由负责保管和记录职能之外的独立人员进行审查。若发现不一致，可能表明资产管理工作存在疏漏、无效使用、损失或其他异常。为了预防类似问题再次发生，应对差异进行详尽调查，确定责任人，并依据资产类型、当前政策、差异的规模及其成因，实施相应的保护性控制措施。

值得注意的是，盘点的频率可根据资产的性质来设定。通常情况下，流动资产相对于固定资产，可移动物品相对于不可移动物品，消耗品相对于生产资料，以及货币性资产相对于非货币性资产，需要更频繁地进行盘点。

五、预算控制

（一）预算控制的基本要求

预算控制是一种策略，它借助全面预算来监管企业内部各单元的财务及资源活动。这个过程强调强化预算制定、执行、分析和评估等步骤的管理，确立预算项目，设定预算标准，规范各项预算流程，实时监控预算偏差，及时采取改善措施，以确保预算目标的实现。

《企业内部控制基本规范》第三十三条规定："预算控制要求企业实施全面预算管理制度，明确各责任单位在预算管理中的职责权限，规范预算的编制、审定、下达和执行程序，强化预算约束。"

为了指导企业建立健全预算的内部控制系统，规范预算制定、批准、实施、分析和评估，提升预算的准确性和权威性，进而达成预算目标，企业应参照《企业内部控制应用指引第 15 号——全面预算》。

预算涉及企业根据总体目标和资源配置能力，通过预测、综合计算和全面权衡，对一年或跨年的运营和财务活动进行金额和经费的规划和配置的过程。企业预算通常涵盖运营预算、资本预算和财务预算。

企业之财务规划需与策略目标及成长蓝图保持协调一致，以业务预算与资本预算为基础，以营利性为核心，以现金流量为关注点进行编制，并确保财务报表全面反映此过程。财务规划一般采取年度周期，而业务规划、资本规划与资金筹措计划则进一步细化至季度或月度层面。在制定财务规划时，应遵循先业务规划、资本规划与资金筹措规划，后财务规划的流程，同时依据各规划部门的业务性质及职责范围，设计相应的财务规划格式。

企业需构建预算管理系统，明确各部门、各阶段如编制、审批、执行、分析和考核的职责、流程和具体要求。在预算内部控制的建立和执行中，尤其要注意以下四个关键点的控制：

（1）职责分工、权限范围和审批流程应清晰并规范，组织结构和人员配置应科学有效。

（2）预算编制到考核的流程应严谨，对预算编制方式、审批流程、执行情况检查、预算调整和绩效分析等要有明确规定。

（3）预算编制应采取全员参与、上下协作、分级编制、逐级汇总、综合平衡的方式。

（4）企业应根据内部经济活动的职责权限来控制预算，对预算内的资金实行责任人限额审批，超出限额的资金需集体审批，严格防止无预算的资金支出。

（二）预算岗位分工与授权批准

公司应确立全面的预算管理责任体系，详细规定各部门和职位的角色和权限，以实现预算流程中关键职能的有效划分和制衡。这些关键职务通常涉及：预算规划（及调整）与审批环节的独立性；审批环节与执行阶段的分离；执行阶段与绩效评估的相互监督。这样的设计是为了确保预算过程的公正透明和风险防范。

（三）预算工作组织领导与运行体制

企业应构建完善的预算管理体系，明确企业高层决策、实施部门及其权限划分、审批程序和协作机制。最高决策层，如股东大会或公司章程规定的机构（统称企业决策核心），负责年度预算方案的最终审批。

企业的决策机构，如董事会或经理办公会，承担预算策略的规划和年度预算提案的制定。对于预算管理，企业可以选择设立预算管理委员会或专门团队（统称企业预算主管机构），无此类条件的可由财务部门担纲。总会计师需在企业负责人的支持下，对预算管理工作提供辅助和专业指导，同时要求各部门负责人积极参与。

预算主管机构的主要职责包括设定预算目标、制定管理策略，组织编制、审议、平衡年度预算草案，发布批准后的预算，处理预算执行过程中的问题，以及评估预算执行效果并推动目标达成。各部门，如生产、投资、资金、物资、人力和市场等，以及下属机构，在预算主管机构的领导下，负责各自业务预算的制定、执行、监控和分析，并协同进行总预算的整体协调和评估。

在上级预算管理机构的监管框架内，子公司自主承担起自身的预算管理工作，涵盖预算的规划、实施、监控及评估，并且也需向高层提交定期审计及评价报告。基层企业的领导人对其预算执行成果承担全面责任。企业须建立周密的预算操作体系，明确各阶段的管理准则，并借助详尽的日志记录来保障预算执行过程的公开性和有效监管。

六、运营分析控制

（一）运营分析控制的基本要求

《企业内部控制基本规范》第三十四条规定："运营分析控制要求企业建立运营情况分析制度，经理层应当综合运用生产、购销、投资、筹资、财务等方面的信息，通过因素分析、对比分析、趋势分析等方法，定期开展运营情况分析，发现存在的问题，及时查明原因并加以改进。"分析与控制都是手段，只有达到预算目标或控制目标才是运营分析的真正目的。

（二）企业运营分析主要指标

1. 盈利能力状况分析

企业的核心目标是生存、进步与收益，没有持续的发展就无法稳固存在，而唯有盈利，企业才能迈向更广阔的前景。盈利能力的评估通过审视如总收入、净利润、销售毛利率、成本效益比、资产收益率、投资回报率，以及资本净收益率等多种关键指标得以实现。

2. 资产质量状况分析

当企业内部人力资源与生产资源优化配置，高效运作，就意味着生产力和资金利用率提升，从而为企业的长远发展奠定了坚实基础。对于资产质量和运营效能的考量，可以通过应收账款周转率、存货周转率、流动资产周转率及总资产周转率等一系列指标来进行深入剖析。

3. 债务风险状况分析

在市场经济体系中，信誉是企业的立足之本。企业的信用实力体现在其偿债能力上，通过流动比率、速动比率、现金比率和现金债务比率，以及负债比率和产权比率等财务指标来衡量和评估。

4. 经营增长状况分析

企业的增长态势和竞争实力是衡量其未来潜力的重要标志。通过分析销售增长率、资本保值增值率、市场份额、资本积累率、总资产增长率及技术投入比率等数据，可以全面评价企业的经营表现和竞争力。

除了上述关键领域，企业的创新能力也至关重要。衡量创新力不仅要看引入新人才、引进先进设备、国际合作，还要关注新产品推广、市场拓展、技术革新和高新技术研发等方面的动态。

总的来说，运营分析是一种持续的监控手段，企业需整合各类信息，灵活运用分析方法，定期审视，以发现潜在问题，找出症结，强化管理，确保在问题萌芽阶段就能及时应对，达到预防和改正的目的。

七、绩效考评控制

（一）绩效考评控制的基本要求

绩效考评是一种系统性的过程，它通过对比实际成果与预设指标，包括既定目标、预算参照及行业标准，对企业的运营效率进行全面评估。《企业内部控制基本规范》第三十五条规定："绩效考评控制要求企业建立和实施绩效考评制度。科学设置考核指标体系，对企业内部各责任单位和全体员工的业绩进行定期考核和客观评价，将考评结果作为确定员工薪酬以及职务晋升、评优、降级、调岗、辞退等的依据。"

（二）绩效考评控制的基本程序

企业需构建完善的财务监控体系，定期举行深入剖析会议，详尽了解预算执行的实时动态，针对遇到的问题实施策略性研究并落实解决方案，以校正预算实施中的偏差。

面对预算偏差，企业应鼓励深入且公正的分析，明确其根源，然后提出针对性的改正措施或改进建议，这些提案需经过高层决策机构，如董事会或经理团队审议并作出决策。

周期性开展财务预算审视是加强内部控制的核心步骤，其目标是修正预算实施过程中的偏差，最大化发挥内部审计的监督效能，确保财务预算管理的精确度。

财务审计可以采用全面覆盖或随机抽样两种策略，必要时，企业亦可特设专项审计任务。审计结束后，内部审计团队应编制全面的审计文件，直接递交给财务预算决策小组乃至企业高层，用作调整预算、改进运营策略及绩效评估的决策依据。

年末阶段，财务预算决策小组需向董事会或管理层汇报全年预算执行情况，基于预算完成度和审计反馈，对负责单位实施绩效评价。

企业的财务预算执行报告，需先经部门及单位主管依内部决策程序审查批准，此报告将作为对企业财务评估的关键基础。

财务预算的执行考核构成了企业绩效评估的核心部分，它需与年度内部经济责任考核相结合，并直接影响预算执行单位主管的激励与惩罚制度，并且在企业内部的人力资源管理中起到参考作用。

（三）绩效考评报告

绩效考评报告旨在提升组织内部管理的即时响应能力和精确性，它是一种执行监控和信息通报的手段。该报告应清晰体现各部门及员工的职责履行情况，形式简洁，内容精练，确保信息流通和反馈过程迅速且高效。

进行企业全面绩效评估时，必须坚决贯彻市场经济规律和资本运作的本质，以投入与产出的比较作为核心。在评估过程中，应结合定量和定性分析，同时进行横向和纵向比较，以此推动企业增强市场竞争力。

第五章

企业风险管理与内部控制

第一节　企业内部控制与风险管理的概述

一、企业内部控制的本质

观察当前状况，企业在执行各类活动时常常会遭遇各种干扰因素，导致诸多问题产生。此时，管理层可借助内部控制机制深入剖析并研究这些问题，以此为基础展开预算管理，既能全面理解和把握企业的发展目标，又能保证后续工作的顺利进行。他们需在各项活动中对各部门及员工实施监督和管理，确保每项任务的责任明确到具体的部门和个人。为了提升企业的经济效益，管理层应按期达成既定的经营目标，并酌情增加产品销量。

财务管理与全面预算管理之间存在着密切的关联，前者需基于后者，综合考量项目运行中的资金运用和产品成果，从而制定出公正透明的财务报告，确保其中的数据信息真实可靠。此外，管理层还需最大限度地提升资源利用率，优化资源配置，依据不同阶段的实际情况灵活调整和改进预算方案，为后续工作的稳定推进创造坚实的基础。

二、企业风险管理的含义

在企业的日常运营中，众多项目任务的执行经常伴随着不确定因素，这些潜在的风险要求管理者切实执行风险评估，以预防可能出现的难题，从而确保企业经济效益的稳定。在内部投资决策时，风险评估更是不可或缺，全面权衡项目利弊，才能为项目争取到必要的财务支持。财务部门还需深入研究相关法规和标准，以科学的方法制定项目预算，并密切关注外部市场动态。通过比较内外部产品，整合各个阶段的数据信息，优化资金配置。管理层与员工的持续沟通能够有效降低财务管理中的风险，通过理性分析风险源，采取预防措施，确保风险管理的实效性。

三、内部控制与风险管理的内在联系和应用意义

（一）内在联系

调查显示，企业实施内部控制和风险管理的核心目标是采用严谨且高效的策略来管理和缓解潜在的企业风险，以期实现企业价值的最大化。管理层能借助内部控制机制深入剖析外部环境的变化，依据法规和自身状况，严格执行决策流程，保障各项业务的顺利运行。风险管理在企业中的主要作用是对各类风险进行有效管控，以减缓由风险可能导致的损失。管理者需遵循相关规定，制定风险防范策略，持续优化内部控制体系。不难看出，企业内部控制与风险管理相辅相成，通过强化内部管理，提升管控效能，进而增强企业抵御风险的能力。

（二）应用意义

首先，有助于推动企业实现卓越发展。在当今中国社会经济稳步提升的背景下，企业的发展步伐日益加速。健全的内部控制体系及高效的风险管理策略对于企业进步起着关键的助推作用。通过构建这样的体系，企业能提升各个流程的效率与品质，创新经营发展模式，更新内部规章制度和监控机制，既增强了抵御风险的能力，也确保了企业沿着正确的路径持续发展。

其次，能有效优化企业的资源配置。资源是企业运营的基础，科学配置资源可确保企业按既定方向前行。若人力资源分配不当，则可能导致后期严重的资源浪费和成本增加，影响管理工作的效能。因此，企业应重点关注关键领域、环节和人员，根据实际情况作出科学决策，优化人力资源、信誉等资源配置，并合理利用市场资源。

最后，能够提升企业的运营效能。无论企业规模大小，追求经济效益始终是运营的核心目标。因此，企业应在财务管理、投资规划等方面加强对经济效益的关注，严格执行相关规定，落实风险管理与内部控制思想，保证各环节顺畅运作，依法依规开展工作，以实现各阶段的经济效益。

第二节　企业内部控制和风险管理存在的问题

一、企业风险形成的原因

（一）企业风险形成的外因

外部因素对企业风险的塑造主要源于市场环境、行业特性及国家政策法规。企业在动态的市场经济背景下运营，这个环境独立于企业的目标，以多变和复杂性为特点，竞争激烈。为了在这样的环境中保持稳定，企业必须对潜在风险进行实事求是的评估，以提升风险预见性和管理效能。行业的本质规律虽固定，但关键风险往往源于客户的需求变化。如果企业不能准确把握客户需求，其业务目标和策略规划可能偏离正确轨道，从而引发经营风险。政策法规对企业运营具有约束力，任何违规行为都会导致经营困境，加剧风险并产生负面影响。因此，企业需改进风险管理策略，提升风险分析和控制能力，以推动自身成长。

（二）企业风险形成的内因

除了外部环境的影响，企业的内在因素也是风险滋生的重要原因。这主要体现在企业的风险管理意识淡薄、内部控制机制不健全，以及财务管理水平低下等方面。在市场经济体系中，企业需清晰定位自身的发展路径，因为理念引领行动，行动塑造未来。对于风险管理，薄弱的风险意识使得企业在内部对这一问题的关注度不足，各部门参与度不高，削弱了企业主动应对风险的能力，从而难以保障风险管理的质量，增加了风险管控的困难性。倘若企业未能建立健全的内部控制体系，将会导致部门间协作沟通受阻，信息传递的准确性降低。再加上财务管理能力不足，可能会引发财务数据失实、资金管理出现漏洞等问题，进而削弱财务报告的可靠性，并直接增加了风险发生的可能性。企业内部因素对于风险管理至关重要。如果企业丧失了主动管理风险的能力，风险的负面影响将会放大，进而对企业造成严重影响。缺少风险预警机制及有效的控制措施不仅会制约企业的成长，还会妨碍企业迈向现代化管理的道路。

二、企业内部控制和风险管理的问题

（一）对控制环境缺少关注

在执行各种商业活动中，企业可借助内部控制体系实施监督管控，该体系能有效防范各环节可能出现的风险，还能对企业的全面发展起到积极的推动作用。内部管理和内部环境之间存在着密切的关联，优质的内部管理能提升整体管理效能，使得管理者可以依据规定和准则进行有效的内部运作。然而，我国有些企业的内部监控和审计制度虽然已经建立，但由于工作人员常常受公司直接指派或管理，这些制度在实际操作中未能充分发挥其应有的功能，导致相关环节缺乏合理的监管和治理。

（二）缺乏风险管理意识

当前，我国市场经济体系的演进步伐明显加速，全球经济一体化的趋势更是对企业运营环境提出了新的挑战。在这种环境下，企业面临着多维度的竞争压力，不确定因素日益增多，风险事件的发生概率随之攀升。遗憾的是，我国的一些企业管理者并未及时适应市场变迁，未能建立起全面的风险管理观念，忽视了风险管理在企业长远发展中的核心地位。他们并未设立专门的风险管理部门，以应对各个环节潜在的经营风险，导致风险预警和应对措施滞后。

企业对风险管理的理解存在局限，管理层往往受传统观念驱动，过于关注财务层面的经营风险，强化资本运作的风险控制，然而却忽略了对政府政策、财经法规等非财务风险的科学评估。这种偏颇导致风险管理实践的科学性和有效性大打折扣。因此，提升风险管理的全面性和前瞻性，对于企业的健康发展特别重要。

（三）内部控制体系不完善

研究报告揭示了我国部分企业的管理模式倾向于在中层管理者和员工的操作层面实施内部控制机制，通过高层领导对内控监督部门的指定执行。这一过程依托于严谨的管理制度框架，推动监督工作的实施。然而，现行的内部控制体系与其他体系在性质上存在着明显区别，它在对高层管理者的有效监管和规约方面显得力有不逮。内部权限的设置并非无限制，而是在一定程度上限制了管理层的决策自由。

当高级管理人员受到外界因素的干扰，导致运营决策面临严重风险时，由于内控部门受限于自身的权限，常常难以及时发现并消除这些潜在威胁，从而对企业的后续运营产生深远影响。具体来说，缺乏对高层的有效管理和监督，使得管理层的风险概率大大提高。因此，强化对高层管理者的内部控制成为提升企业运营稳定性的关键环节。

（四）内部控制制度适用性不强

部分企业倾向于模仿他人的内部管理控制模式，然而这种机械地照搬忽视了自身的独特性，导致这些机制在实际操作中效能大打折扣。一些管理层在推动企业运营时，欠缺创新思维的科学运用，未能充分实践"实质重于形式"的理念，使得内部控制与现代需求产生了明显的脱节。尽管企业投入巨资，但执行效果并不理想，未能实现预期的成本效益平衡。制度实施后，效益与成本的比例失衡，甚至可能出现投入与产出的严重不符，这引发了员工对内控制度的反感，导致他们对参与此类工作的积极性降低。此外，小型企业的经营规模限制了他们在内部控制制度上的资源投入和经验积累，管理层对内控体系的重视程度相对较低，这使得内控制度难以适应企业当前的发展阶段。

（五）缺乏有效的内部监管

一些国内企业在实际经营中未能构建起一套严谨且有效的内部管理机制，导致内部控制和风险管理的优化及有效执行受阻。虽然有的企业尝试建立了内部监控体系，但这些措施覆盖面不足，没能渗透到各个业务流程，因此存在潜在问题。企业对监管职责的岗位划分不清，加上各部门间的沟通协作不畅，问题发生时难以迅速采取应对措施，从而削弱了内部控制系统的运行效能。内部控制体系在设计时未能充分展现其独立性，内控审计和评估活动难以顺利进行，进一步降低了内部监督体系的科学性和效率。

第三节　内部控制与风险管理设计流程

一、内部控制设计概述流程

内部控制体系的设计探究主要涉及其构建的原则、策略和步骤，是对内部控制架构设计核心议题的探讨与阐述。企业在构建内部控制体系时，应当深入理解设计的原则、策略和步骤，以便明确设计的基本规范，选择适宜的设计方法，并规范设计流程，进而为有效地开展内部控制体系设计提供操作性的指导框架。

（一）内部控制设计的原则

按照财政部等五部委联合颁布的《企业内部控制基本规范》的要求，内部控制设计应当遵循以下原则。

1. 合规性原则

遵循合规性原则，内部控制体系需遵从国家法规及企业内部规定，以确保法律和规则的实施。相关国家法律法规涉及《中华人民共和国会计法》《企业会计准则》《企业内部控制基本规范》及其配套指导原则。唯有与法律法规保持一致，内部控制才能与外部监管无缝对接，保障其有效性。由此产生的会计及经济信息将得到政府、股东、债权人、客户、供应商和社会公众的信任。企业的内部规定通常涵盖公司章程、财务与会计管理、预算与成本控制、资产管理和绩效评估等制度，以及采购、生产、销售、融资、投资、资产处置和利润分配等相关操作规程。内部控制制度与这些企业规定的一致性是其实用性和效果最大化的前提。

2. 全面性原则

内部控制体系需全面覆盖企业的各类经济活动，包括但不限于货币资金的往来、物料与设备的采购、资产盘点、商品销售、融资活动、债权债务结算、投资行为、在建工程项目、担保业务等。从理论上来讲，内部控制覆盖面越广泛，其效力越强。尽管某些业务可能频率低、涉及金额小，但也不能忽视其内部控制的重要性。考虑到各企业的经营规模、业务复杂性、组织结构及人员分工差异，内部控制的具体要求会有所不同。小型企业，经济活动相对简单，金额不大，经营者能直接掌握详情，重点应放在对货币资金流动的控制上，这主要是因为其频繁且通常涉及外部交易，出错概率较高。而对于业务多样、内部结构复杂、对外联系繁复的大中型企业，内部控制必须涵盖所有经济活动。

从部门和岗位的角度，内部控制应贯穿所有职能单位和员工。无论是决策层的管理层，执行任务的部门，还是监督机构，都必须纳入该体系中。无论是公司高层，如董事长、总经理、部门经理，还是普通员工，都不能置身于内部控制之外。重要的是，不能将内部控制片面理解为上级对下级、领导者对雇员、监督者对执行者的单向控制。这种单一方向的控制观念是不正确的，也无法实现有效的控制效果。在内部控制体系中，无论机构地位多高，个人职位多大，都必须遵守内部控制的规划，遵循其原则，并严格执行相关规定。简而言之，在内部控制面前，所有人应平等对待，只有权限和职责的分配差异，不存在超越内部控制的特权。

3. 重要性原则

重要性原则提倡在确保全面性的基础上，特别重视关键业务事项及高风险区域。关键业务通常涵盖公司的核心问题、重要人事任命、重大项目规划及大规模资金运用等；高风险区域则涉及巨额资金借贷和消耗等操作。为了加强这些重要领域和风险点的内部控制，企业应实施五项策略。第一，实行集体决议机制，由公司高层团队共同商议决策；第二，设立联签规程，大额资金调动需经企业主管、总会计师及财务部负责人共同签署同意，由财务部和资金结算中心执行；第三，推行全面预算管理，通过严谨的预算规划来规范和约束主要业务活动，将所有投资、收入和开支纳入预算，避免任意性和盲目性；第四，建立大额资金流动报告机制，财务部和资金结算部门需定期向公司主要负责人及主管汇报大额资金流动状况；第五，实施资金结算系统业务操作的监管制度，通过全程监控，从前期到后期，增强对关键业务事项和高风险领域的内部控制力度。

4. 制衡性原则

内部控制的设计应包含在组织结构、职能划分、权限配置和操作流程等多个层面，以实现相互的牵制和监督，并且确保业务运行的效率不受影响。在企业管理中，适当的授权是必需的，但同时权力需受到有效限制。健康的治理结构、精心布局的部门设置、明确的职责与权力分配，以及精良的业务流程，都是确保各机构和部门之间互相监督、彼此平衡的关键，以期达到动态平衡和稳定性，避免出现单一权力过度集中的情况。

5. 适应性原则

内部控制体系应与企业的运营规模、业务范畴、市场态势，以及风险程度保持匹配，并随情境的变迁适时作出调整。管理的本质是对人的行为和外部环境的引导，因人而异，因环境而变，故管理模式并无固定模式，核心是能否符合企业独特的需求，能否有效达成控制目标。盲目照搬他人的做法往往可能导致"适得其反"，因此，必须充分考虑自身企业的运营规模、业务特性、市场竞争状况及潜在的风险因素，实行差异化策略。

（二）内部控制设计的局限性

虽然我们可以尽心设计和实施内部控制体系，但不可避免地会存在其自身的局限性。一套完整且严谨的内部控制能够有效地确保会计信息的可靠性、资产的安全性和业务目标的达成，然而，它并不能全面解决所有的企业难题。我们必须理解，"合理保证"并不等同于无条件的绝对保证。内部控制的内在限制决定了其无法成为一种万能的解决方案。例如，人为判断的错误、内部人员的勾结欺诈、管理层的权力滥用、成本与效益的权衡考量，以及不可预见的偶然事件，都可能导致内部控制效能减弱。

1. 人为判断

内部控制体系的设计者可能由于知识框架的局限性、实际操作经验的不足，以及参考资料的限制，导致构建的内部控制未能达到理想的标准，可能出现疏漏，从而影响其效能。执行内部控制的人员也可能因为对规则理解不透彻、误读上级指示、注意力不集中、工作压力过大或情绪变化等因素，削弱内部控制的作用，严重时可能导致内部控制完全失去效能。再者，某些依赖人为判断的决策，其正确性和效率往往要在事后检验和反思中才能显现，设计阶段可能没有充分预见到这些问题，进而形成内部控制的"盲区"。

2. 串通舞弊

内部控制体系的有效运行，关键是所有参与经济事务的人员必须严格遵守相关规定，确保他们之间持续互动、互相制衡和互相监督。一旦这种制衡和监督缺失，仅剩互动且个体存有不良意图，就可能导致串通欺诈行为的滋生。任何两人或多人的合谋都可能破坏内部控制的效力，如会计和出纳联手挪用公款、审批者与采购员及供应商合谋获取非法回扣、发包方与承包方勾结抬高工程成本等。总而言之，当人们通过协同行为逃避和隐藏欺诈行为时，内部控制制度将会无力应对。

3. 滥用职权

管理者过度行使权力的根源是他们拥有超越内部控制体系的权威。国际经验表明，即使在高度诚信和严格内部控制的实体中，管理层超越内部控制的行为也无法被彻底消除。所谓的"管理层超越"指的是为了个人利益、美化财务状况或规避法规，故意违背既定政策和流程的行为。无论内部控制体系多么严谨，都无法完全揭露和防止，尤其是企业高级管理层的权力滥用。这种情况在中国企业中尤为严重，主要是因为法人治理结构的不足、所有者角色的缺失，以及经营者功利主义的盛行。我国的管理者通常由上级部门委派，重视政治表现而非全面能力，对于经营不善的情况，倾向于调动岗位而非撤职处理。这种现实情况实际上促进了企业管理者的"家长式"行为，使他们易于绕过控制，滥权行事，把自己置于内部控制系统之外或之上，从而导致企业内部控制的无力。

（三）内部控制制度的设计主体

管理控制系统的设计应由企业的最高管理层主导，无论设计任务交由何人执行，整体责任应由企业决策层全权承担，并需深入探讨和实际执行。这项任务具有高度的专业性、技术性和实践性。

参与制度设计的人员通常分为两类：一是内部的专业团队；二是外部聘请的专家。两种方式各有优势和不足。若由企业内部人员负责，应在主要负责人的指导下，由首席经济师、首席工程师及相关部门负责人组建设计团队或委员会。在主要负责人（总经理或厂长）的统一指挥和协调下，团队可进行适当的职责划分，例如，首席工程师可以主导技术管理制度的设计，首席经济师则负责运营制度的设计；涉及全面经济核算和财务管理的部分，需要咨询首席会计师的意见。如果会计控制制度和内部审计制度也包含在内，那么这两项通常由首席会计师负责。此外，管理控制制度的概述部分，包括企业简介、经营理念、策略和组织结构等，可由首席经济师负责，但需征求主要负责人、首席工程师和首席会计师的建议，确保制度的整体一致性和协调性。概述部分也可直接由主要负责人指导设计，或者由首席经济师、首席工程师和首席会计师共同合作完成。

内部设计的主要优点是：对企业的运营环境有深入理解；熟悉各项业务流程；节省时间和成本；能更容易地获取内部支持，有利于制度的执行和改进。然而，缺点也是明显的：如果企业缺乏高级专业人才，可能在知识、经验和设计技巧上受限；可能固守传统思维和操作模式，缺乏创新动力；难以吸收外部的最佳实践和新思维，设计上可能过于保守，仅作小修小补，难以实现真正的创新。同时，企业还可以选择聘请外部专家来进行制度设计。

在中国，单位制度构建的重视程度相对较低，通常缺乏专门的设计团队和人才，大部分单位依赖自身力量来构建管理制度，偶尔会邀请一两位行业内的专家或相关部门的专业人士提供建议。相比之下，国外拥有专业的会计师、管理咨询公司、制度顾问和事务所，以及供应商代表等，他们专注于会计制度和管理政策的设计咨询。外部专家设计管理制度的优势和劣势与内部员工恰恰相反。这些专家都接受过专业训练，具备广泛的知识和丰富的经验，能以中立的视角，引入创新思维，不受既有框架限制，从而更好地满足管理需求，提升制度效能。不过，由于对外部单位的具体情况不熟悉，他们可能需要更多的时间去了解和适应，这通常会导致更高的设计成本。

最佳的设计策略是将单位内部人员作为主体，结合外部专家的辅助，以此达到优势互补，实现理论与实践的紧密结合，进而制定出更符合单位实际需求的管理制度。

（四）内部控制设计的准备与实施

1. 内部控制设计准备

设计准备，是构建内部控制设计的基石，为后续设计奠定基础。设计内部控制需长期筹备，涉及认知、人力、时间和资金保障。如果缺乏领导层的支持和全体人员的共识，内部控制设计难以取得实质进展。具体到技术层面的操作，主要包括以下八点。

（1）明确要求。

明确要求即对内部控制设计的具体需求进行定义。需求源于建立内部控制体系的动机，可能是响应外部监管机构的规定，强调合规性和完整性；也可能是为了满足内部需求，注重实用性和针对性。由于各主体及其运营模式的差异，内部控制设计的需求也会有所不同。通常情况下，设计需求涵盖：一是构建或优化整体内部控制体系；二是制定或改进特定业务，如工程项目、采购业务的内部控制措施；三是提升业务流程效率或组织绩效。内部控制设计的需求多样，而在准备阶段准确识别需求对设计至关重要。

（2）目标细化。

目标细化是指将内部控制的目标进行具体化拆分。内部控制目标是设计的导向，设定宏观目标是必要的，但过于宽泛的目标不利于设计实施，目标应明确且易于理解。因此，设计者需将整体目标分解，以支持具体的内部控制设计工作。

（3）组建团队。

组建团队意味着设立内部控制设计项目组，这是准备阶段的重要步骤，为设计工作的组织和人力资源提供保障。项目组包含领导层和执行团队，执行团队可能进一步细分为多个小组。无论团队如何构建，领导的角色特别重要，内部成员与外部顾问的协同合作是成功的关键。

（4）收集资料。

收集资料即收集关于内部控制设计的基本信息，是准备阶段的基础任务，也是项目组日常工作的核心部分，应贯穿设计全程。信息来源因组织和项目各异，但基本涵盖国家法律法规、组织结构、部门岗位职责及现有规章制度。

（5）初步评估。

初步评估是指对当前内部控制状态的初步认识，是制订针对性设计计划和执行策略的先决条件。

（6）规划布局。

规划布局指的是构建内部控制设计的全面工作计划，是对整个内部控制设计任务的系统规划。对于涵盖多个项目团队的大型项目，制订综合性的规划是至关重要的。而小型项目的工作计划可以与实施策略相结合，以简化管理。

（7）制定策略。

制定策略意味着要形成内部控制设计项目的具体实施方案，这是执行具体控制设计任务的详细指南。该方案应当明确、可行，通常应包含明确的目标、详细的内容、指定的人员、设定的时间、操作流程、执行方法及相关要求。

（8）动员号召。

动员号召，即发布内部控制设计的倡议书或通知，旨在为这项工作营造氛围。内部控制设计的工作范围广泛，挑战重重，需要各部门的全力协作。这就需要高层领导的明智指导和全力支持。在启动内部控制设计之前，发布倡议书或通知，并由高层领导召集相关部门的干部和员工举行内部控制建设的启动活动，阐明设计内部控制的必要性及其实际价值，并提出合作期望，能有效提高工作效率。

2. 内部控制设计实施

（1）计算内部控制成本。

鉴于内部控制设计需遵循经济效益原则，设计者应详细描绘现有的内部控制体系，深入了解其运行状况，以估算实现设计目标所需的控制成本。这涉及以下三个方面：①探究内部控制状态。设计者需向相关人员咨询内部控制详情，查阅相关制度和文件，以及过往的内部控制评估记录。②衡量控制体系的完备性。通过对比内部控制现状与标准，识别潜在的缺陷和风险，以评估其整体效能。③估算控制成本。在全面理解和评估现有体系后，设计者应初步计算达成预期目标所需的控制成本，据此规划设计阶段的控制策略。

（2）制定内部控制设计执行计划。

在明确设计需求，设定目标，并评估了内部控制环境和成本后，注册会计师应制订执行计划，涵盖人员分配、时间表和具体设计活动的安排。

（3）整合控制流程。

控制流程是指按照顺序连接的步骤，用于对特定业务活动实施内部控制。它通常与业务流程同步，主要由控制节点构成。当发现业务流程中的控制弱点，就需要依据控制目标和原则来整合这些流程。

（4）识别控制节点。

确保控制目标的实现，关键是识别易出错的业务环节，这些可能出问题的环节被称为控制节点或控制点。控制点依据其影响力可分为关键控制点和普通控制点。对整体业务效果有决定性影响、作用最大的节点是关键控制点，例如，在物料采购中，"验收"环节对于维护采购完整性和实物安全至关重要，是关键控制点。而"审批""签订合同""登记"和"记账"等则属于普通控制点。需要注意的是，关键控制点和普通控制点在特定条件下可以互换角色。某一控制点在一个业务中可能是关键点，而在另一业务中可能仅是普通点。

（5）设计管控策略。

控制点的作用，源于对管控技术和程序的构建。这些在特定控制点实施的防错和纠错策略，被统称为管控措施。例如，在现金管理的"审批"环节，其执行的步骤可能包括：①由高级管理人员赋予现金收支的操作权限；②经办人员需在原始凭证上亲笔签名或盖章确认；③部门负责人对凭证进行审阅并给予批准的确认。而在银行存款的"结算"环节，相应的管控措施则包含：①出纳员核实原始文件；②制作或获取结算凭证；③明确标注收付状态；④签字并盖章；⑤在结算记录簿中详细记录。两者的差异反映出针对不同业务内容和目标，所需的管控手段各有侧重。因此，在实际操作中，必须根据具体的控制目标和对象定制适用的管控技术和方法。

二、风险管理设计流程

众多的风险管理控制的子系统具有差异性，但其设计的流程具有共性，如图 5-1 所示。

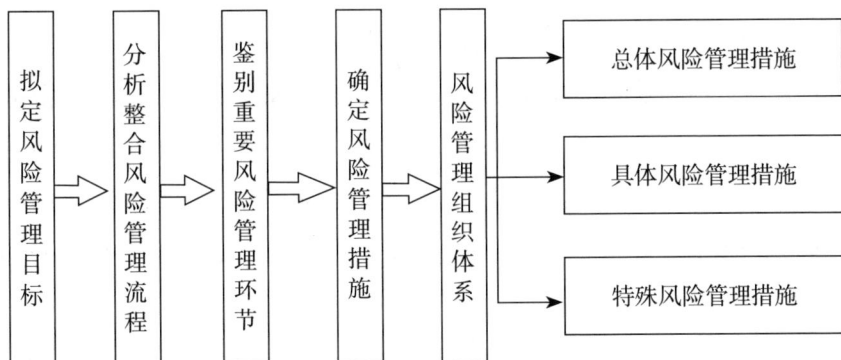

图 5-1　企业风险管理设计流程

（一）拟订风险管理目标

将风险管理的核心理念与子系统的特性和功能相结合，细化为每个子系统的独特任务，构建出明确的子系统风险管理分解目标。

（二）分析整合风险管理流程

企业的风险管理流程犹如一条连续不断的链条，贯穿于业务活动的全过程，它紧密契合业务流程，主要由一系列风险管理节点构成。在审视现有流程时，设计师需深入了解企业的业务基础和传统做法，并且积极征询一线员工的直接经验和见解。若发现业务流程存在问题，如不完整、脱离现实或过于烦琐，设计师应遵循风险管理策略，以简化和系统化的方式重新梳理和整合所有业务流程。

（三）鉴别重要风险管理环节

鉴别重要风险管理环节的目的是确保风险管理目标的有效达成，避免关键环节偏离业务流程。在企业整体的风险管理框架中，那些易滋生错误且需重点监控的业务环节被定义为关键节点，它们在业务操作中影响力巨大，覆盖范围广泛，甚至起到决定性作用。一般而言，关键节点和普通节点在特定情况下可以互相转换，这体现了风险管理策略的灵活性。

（四）确定风险管理措施

企业风险管控策略是综合运用各类控制技术和程序，以防检测错误，因不同风险管理目标和业务范畴而异。为了记录这些风险要素，企业可采纳以下方法：

（1）业务流程阐述法。这种方法有助于消除部门间的隔阂，依据业务实质梳理各部门及岗位职责，但可能造成流程描述过于烦琐，控制点不明，风险展示不明确。

（2）流程图展示法。这种方法能清晰地展现业务逻辑，重点鲜明，易于理解。不过，它可能无法详尽记录全部流程细节，某些关键风险点也可能难以简洁表达。

（3）制定风险控制点清单。这种方法便于持续更新风险记录，增删控制点简便，但清单中风险点间的逻辑联系不紧密，可能导致风险点提炼不足或忽略重要风险点。

（五）风险管理组织体系

1. 构建风险管理组织体系

构建高效的风险管理组织体系是确保企业风险管理目标得以顺利实现的重

要因素。考虑到内外部环境的多元化，企业的风险管理结构应具备灵活性和针对性。企业需依据自身的独特性，定制适合自身的风险管理结构。

设立专门的风险管理部门对于强化风险管理、减缓潜在风险损害并优化企业内部的信息流通具有不可忽视的价值。一个功能健全的组织结构对风险管理的成效十分重要。借鉴当代西方企业的最佳实践，它们通常在最高决策层设立风险管理委员会，同时独立设置于各部门之外的风险管理实体，全权负责企业的风险管理工作，这样的模式大大提升了风险管理的效率。

2. 风险管理组织体系标准

设计风险管理组织体系既是创意的体现，也是严谨的科学过程，各家企业依据自身特有的条件来定制符合自身需求的风险管理体系。有效的决策机制对于解决许多公司风险管理职责不明或重复的问题至关重要。核心策略是在现有的管理结构上进行扩展，并且综合考虑公司的运营模式、目标设定、企业文化，以及风险承受度等关键因素。小型企业可以采用简洁的模式，如设立执行委员会，负责识别风险、评估风险、指定负责人、探究风险来源、核准应对策略及跟踪执行成效。然而，对于规模更大、结构更复杂的公司，设立首席风险官，以及独立的风险管理委员会显得尤为必要。一般而言，完善的风险管理组织体系，如图5-2所示。

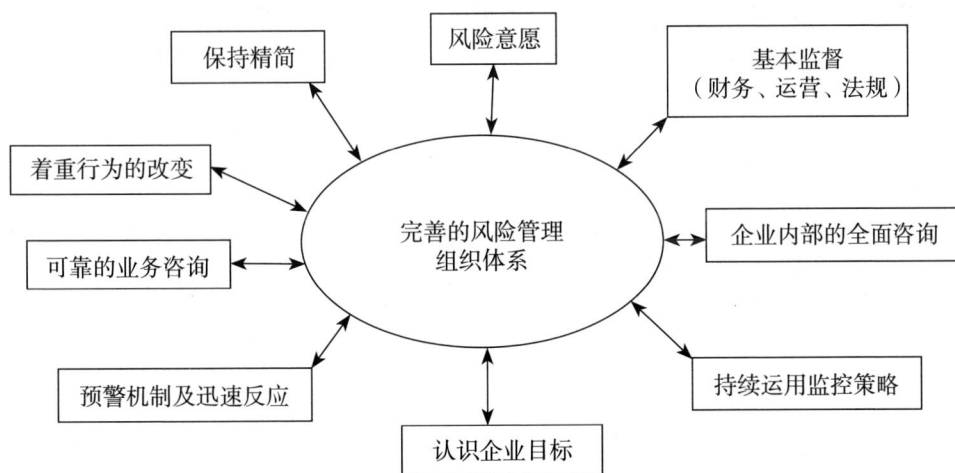

图5-2 完善的风险管理组织体系

构建高效的风险管理组织体系，首要任务是理解公司的战略愿景，并据此设定风险管理的导向。该结构的创建旨在为企业设立一套有效的预警系统及快速应对机制，同时也确保了业务信息的可靠性。在构建风险管理组织结构时，应着重推动员工行为的转型，使他们的行动更符合风险管理的需求，并维持一个精干的组织结构。建立这样的体系，需要依据企业对风险的态度，整合财务、运营和法规等多方面的监管手段，强调企业内部的全方位咨询，通过持续的监控策略来达成风险管理的目标。

第四节　内部控制视角下农业企业财务风险管理——以 A 公司为例

一、A 公司内部控制与财务风险现状

（一）A 公司简介

A 农业股份有限公司创立于 2008 年，坐落在安徽省，毗邻沪陕高速，交通极为便捷。该公司注册资本超过 9000 万元，固定资产总额达 2.6 亿元，生产基地占地 8.6 万平方米，正式职员共计 238 人。作为一家国家级"高新技术"企业、"放心粮油"示范单位及安徽省农业、林业、粮食产业的领军企业，A 公司在业界享有盛誉。

A 公司的主营业务涵盖绿色菜籽油及有机茶油的制造、加工与销售，主要产品包括健康调和油、绿色菜籽油、有机茶油等。采取一体化经营策略，实现了从供应到销售的全程管理。目前，公司建有 3500 平方米的智能化育苗温室，每年可培育出 500 万株优质的油茶苗和薄壳山核桃苗。此外，A 公司还拥有芝麻油、花生油、茶籽油等产品的"绿色食品""中国有机食品"，以及"欧盟、美国、日本有机食品"等多项认证标志使用权。2013 年，公司在合肥成立了启航养生油

有限公司，其产品销售网络已遍及全国各大中城市，构建起一个完整的绿色产业链营销体系。下面是 A 公司组织结构图（见图 5-3）。

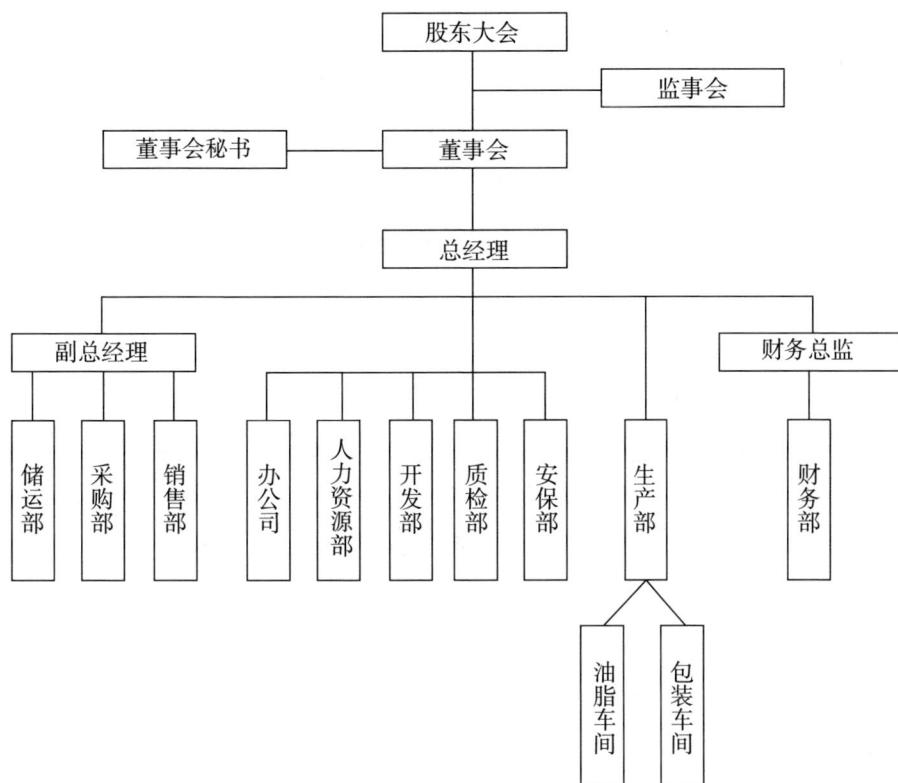

```
                  ┌──────────┐
                  │  股东大会  │
                  └──────────┘
                        │────────────┌──────────┐
                        │            │  监事会   │
                  ┌──────────┐      └──────────┘
    ┌─────────┐   │  董事会   │
    │ 董事会秘书│───│          │
    └─────────┘   └──────────┘
                        │
                  ┌──────────┐
                  │  总经理   │
                  └──────────┘
```

图 5-3　A 公司组织结构图

（二）A 公司内部控制现状

随着市场经济的不断发展，特别是在中国加入世界贸易组织后，民营企业展现出了显著的增长势头，成为推动国内经济发展的核心力量。然而，包括 A 公司在内的某些民营企业，在内部控制体系的构建与实施方面仍面临着不少困难。虽然 A 公司成立时间相对较晚，但其发展速度迅猛，如同其他迅速崛起的农业企业一样，已经构建了自身的内部控制结构。然而，鉴于其所处的发展阶段，A 公司在内部控制机制中还存在一些缺陷，这些问题主要集中在控制环境、风险评估、控制活动、信息沟通及监督等五个关键领域。

1. 控制环境

内部控制制度的基石是控制环境，其质量直接影响到其他控制元素的有效性。缺乏坚实的环境，内部控制无法协调其他要素，从而使得企业内部控制政策和策略难以实施。A公司作为安徽省一家混凝土公司的合资企业，由一对兄妹股东和其他无关联的股东共同创立。尽管股权结构满足一定的治理条件，但A公司仍面临股权和行政权力过度集中的问题。这可能导致企业忽视社会责任、道德标准，甚至对法律法规的遵守不够重视，从而削弱了控制环境，增加了整体财务风险。

调研显示，A公司虽制定了岗位说明书，却过于注重形式，新员工并未被严格要求按规范行事，导致他们对自身职责的理解模糊，影响了工作效率。A公司的员工培训计划也不够成熟，需要升级培训体系。同时，A公司缺乏继续教育项目，限制了员工的成长，难以吸引和保留高素质人才，减缓了企业发展，对企业的长期可持续性构成威胁，加大了未来运营的风险。

另外，A公司的资金筹集和投资决策主要由财务部门提出，由财务总监审批，重大事项则需董事会或股东大会审议。然而，公司未设立内部审计部门，权力过度集中于财务总监，管理层对控制环境的理解不足，为企业的内部控制体系埋下了隐患，进一步引发了重大的财务管理风险，这是A公司在内部控制结构上存在的明显缺陷。

2. 风险评估与控制活动

尽管A公司已经确立了如对外投资、担保、关联交易、财务、人事、采购、生产和销售等一系列严谨的内部管理制度，然而在风险管理策略上却显得相对薄弱。在风险管理机制和全面风险管理体系的构建上，A公司尚未投入专门资源，这无疑为公司的运作埋下了隐患。

在资金筹集层面，A公司对于长期和重大风险的前瞻性分析和评估明显不足，导致财务风险防控体系未能形成系统性和科学性，从而加剧了筹资过程中的风险。在投资决策方面，企业董事会对于投资风险的认识和评估并未给予足够重视，使得公司在财务风险管理和评估能力上显得捉襟见肘。

在运营环节，A公司面临着财务人才短缺和内部职责划分不清的问题，这些都引发了运营风险的显著增加，这是国内农业企业普遍存在的财务风险控制短板之一。

在日常运营中，A公司在预算管理上存在明显的权力集中问题，决策权多掌握在中高层手中，缺乏有效的横向监督。在筹资过程中，职务分离不够彻底，可能导致决策执行中的潜在冲突。在运营层面，由于财务人员的不足和专业素质不高，使得决策转化为行动的速度缓慢，执行效率低下，执行力度不够，进而反映出A公司在内部控制执行力上的不足，以及体系存在的深层次缺陷。

3. 信息沟通与监督

在信息流通领域，A企业的信息传递机制设计存在瑕疵，时常发生信息传递不充分或模糊的情况，导致基层员工难以准确理解高层的战略意图，而上级管理层也对基层工作的具体情况知之甚少，这对企业后续的规划与活动构成了很大的障碍。此外，A公司的信息管理系统尚待改进，无论是基础设施还是人力资源配置都存在明显不足。尽管公司已建立了官方网站，但其信息更新速度滞后，公告、通知和活动等信息未能及时发布，使得网站功能大打折扣，几乎形同虚设，从而在某种程度上引发了运营风险。

在企业内部的控制监督层面，A公司行政管理权和股权过于集中，缺乏决策层之间的相互制衡和监管机制，并且这个问题没有得到管理层的充分关注。再者，作为内部监督机构的内部审计部门，A公司在其重要性认识上有所欠缺，仅在财务部门设立了内部控制管理职位，这无法确保审计的独立性。同时，由于公司未设立专门的内部审计机构，极大地限制了内部控制的持续改进，使得公司无法有效地评估和监控内部控制的执行，导致执行过程中可能出现的问题和缺陷不能被及时发现和纠正，这对企业的融资、投资及运营活动均产生了不利影响，进而增加了财务风险。

（三）A公司财务风险现状

风险是永恒的伴随，充满不确定性且无法彻底被消除。各个企业因类型差异及独特环境，其所承受的风险各有特性，尤其农业企业更容易遭受风险的困扰。A公司虽然是农业行业的领头羊，但仍然会遭遇一系列风险，这主要源于其独特的成长背景和内部特质。A 公司的财务风险主要表现在筹资风险、投资风险、营运资金风险这三个方面。

1. 筹资风险

企业筹资风险评估主要关注其偿债能力，A 公司的相关指标表现为：流动比率介于 60%~90%，速动比率为 20%~35%，资产负债率则在 50%~65%。

A 公司的流动比率和速动比率偏低，均未达到 100%，显示出其短期偿债能力不足，这说明公司在短期融资风险方面面临较大的挑战。通常情况下，理想的资产负债率在 40%~60%，不过不同行业的标准各有差异。如农业等行业因其筹资风险较高，倾向于保持较低的资产负债率。然而，A 公司的资产负债率高于 50%，显示出其在长期偿债方面的风险较高。

A 公司的筹资风险主要体现在以下三个方面。一是由于产品市场同质化严重，A 公司需保证高质量以应对竞争，一般依赖长期银行贷款。尽管银行贷款成本低且资金稳定，但银行会严格审查企业信用、资质和增长潜力，通常要求抵押。A 公司已将部分资产（如应收账款、冷榨茶油库存和土地使用权）抵押给银行，若经营状况恶化，持续亏损，可能无法如期偿还债务，不仅加重企业还债压力，也可能干扰正常运营，导致严重的财务困境。二是目前 A 公司股权和管理权高度集中，关键决策多由实际控制人单独决定，缺乏全面分析，可能会导致筹资风险。三是农产品收获季时，A 公司需大量现金采购，多数交易为现款，因此在筹资时必须谨慎考虑贷款规模，确保符合企业的风险承受力。

2. 投资风险

A 公司作为一家农业实体企业，其投资风险特性与一般企业明显不同，主要体现在：该公司除持有 3.14% 的梧桐市乡村商业银行股权，每年稳定获取 1000000 元分红外，其余投资均专注于以农业产出为导向的固定资产与生物资产。这种专注农业的投资策略使 A 公司易受自然灾害的冲击，且农业项目的周期长，市场预测难度大。

A 公司的农业投资高度依赖土地和生产环境，揭示了其高风险性的本质，对企业财务风险管理框架、内部控制机制、员工专业技能，以及产业结构布局均有严格要求。与工商业项目相比，农业投资的经济效益和附带效益显现缓慢，投资回报周期长，涉及领域广泛，综合性强，这些因素在决策时都会增加风险。此外，农业企业在种植、养殖、加工等环节需要完善的配套建设，要求项目具备可持续发展的基础设施，这对公司的财务造成了不小的压力。新投资项目的实施还需 A 公司构建新的供应链和销售网络，进一步提升了风险水平。

3. 营运资金风险

企业资产运用效率与管理质量的提升会加快资产周转率，进而增强其运营能力和财务的稳定性；相反，如果这两项表现不佳，则会削弱这些能力并增加风险。以 A 公司的具体状况为例，选择存货周转率和应收账款周转率作为评估其业务效能的指标。

A 公司的存货周转率在过去几年中保持在 1~2 次，而应收账款周转率则在 3~6 次内波动。

A 公司的存货周转次数一直低于农业上市公司的平均水平，这意味着其存货管理效率较低，库存周转时间较长。同时，应收账款周转率持续下滑且远低于行业平均值，揭示了 A 公司在应收账款管理上的不足，显示出其经营能力较弱，营运资金的风险也随之增加。

除了存货和应收账款管理问题导致的营运资金风险，A 公司在运营中还面临着技术、管理等多个层面的营运资金挑战。科技进步推动了高技术农产品的涌现，技术含量已成为产品质量评价的关键因素，也是品牌竞争的核心。因此，公司管理层必须重视技术创新，以避免技术滞后或丧失导致资本运营损失。在企业资本运营，特别是产权资本运营中，常常伴随着融资活动，尤其是在企业扩大规模或采购阶段，此类活动可能会改变原有的资本结构，影响股东利益，一旦运营亏损或业绩不佳，资本增值将受限，甚至减损，从而产生财务风险，进一步推高负债率，加大财务压力。企业在资本运营后的重组与改革过程中，其决策体系与管理模式扮演着至关重要的角色。一旦决策出现偏差，极有可能导致业务运作失败，并且无法达到预设的收益目标，进而产生营运资金风险。可以这样认为，无论是资本运营还是企业的其他各项活动，是否能够成功实现既定目标，管理都是关键；管理的有效性又受到诸如内部控制系统等因素的影响，因此管理风险构成了企业经营风险的基础。可惜的是，目前并没有针对农业企业营运资金风险的农业保险覆盖到 A 公司，这就意味着 A 公司无法通过此类保险来缓解其所面临的营运资金风险。

二、内部控制视角下 A 公司财务风险控制

（一）筹资风险控制措施

1. 健全企业筹资内部控制制度

A 公司经过飞速发展，已经拥有了一套较为完善的适合于公司发展的内部控制制度，但就其在筹资方面来讲，还存在着欠缺。下面是 A 公司筹资活动流程图（见图 5-4）。

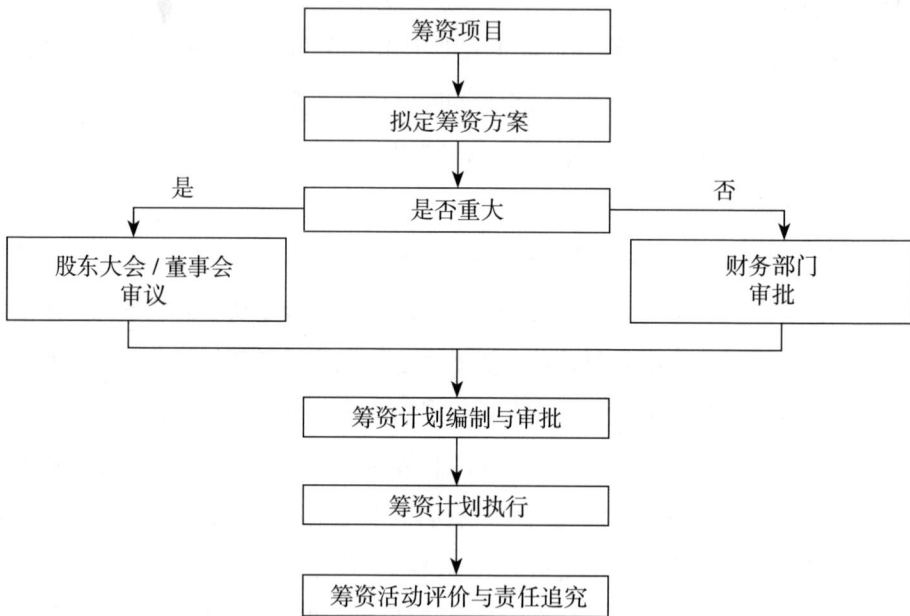

图 5-4　A 公司筹资活动流程

确保 A 公司的资金筹集能最大程度地实现效益和效能，企业在实施筹资行动前，首要任务是构建一套稳固且高效的内部控制体系和资金管理结构。制订明确的战略规划，确立企业的长远目标和未来蓝图。在融资决策过程中，A 公司需严谨对待每一笔资金的引入，对潜在的项目风险进行深度评估，并不断优化财务

风险管理框架，力求融资活动按预定轨道进行。面对未预见的情况，应采取科学的应对策略，并确保新获得的资金迅速并精确地纳入预算管理，全程伴随财务会计人员和监督人员的参与，确保操作过程的透明度和完整性。

观察 A 公司的筹资流程图，我们发现缺少内部审计环节，财务部门的权力似乎过于集中。为此，我们建议 A 公司增设专门的审计部门，以独立审视财务部门的筹资活动，从而实现更有效的监管和制衡。这将有助于提升整体财务管理的规范性和有效性。

2. 建立企业财务风险筹资预警系统

A 公司在推进农业业务发展时，应当优先构建一个高效且具适应性的财务风险管理和预警框架。首先，以公司的独特条件为出发点，依据现行法规，量身定制一套财务风险管理策略，强化内部风险防控，确保各部门及管理层级间的有效协作与监管。其次，优化和完善现有的财务会计体系，清晰界定财务与会计的职责界限，实行分层责任制度，并持续优化审计监督体系，提升制度执行力。

为了追求精准化运营策略，A 公司致力于加强全方位预算管控，制定清晰的会计作业流程，精心设计财务报表，旨在降低由人为失误导致的风险可能性。通过增强会计稽核、资金流转监管、资产管理，以及审批流程的严格性，确保企业的收入与支出、现金交易及库存的精确监控。同时，财务风险警示系统的中枢作用体现在即时收集、解析、存储及传达重要信息，为决策者提供及时、精准且全面的数据支撑。

通过建立完善的财务风险筹资预警体系和健全的风险管理结构，A 公司能够大大降低非必要的管理成本，从而提升经营效率和盈利能力。这是公司战略转型的关键一步，目的是驱动业务稳健增长并确保长期可持续发展。

3. 完善企业筹资反馈系统

一个健全的筹资信息系统对于企业管理者来说特别重要，它能帮助企业领导者深入了解资金来源的状况，并促进多元化的融资途径。农业企业应构建包含信贷政策、规范的会计报告等要素的筹资反馈体系，并且增强与投资者的交流，协助投资者的评估流程，建立牢固的信誉档案。无论是现金流入还是银行账户的直接入账，所有筹资活动的数据须定期汇总，向管理层提供准确反馈，以揭示企业在特定阶段的融资状态。这使得管理者能够从全局到局部，从整体到个体，全面了解和控制项目，为战略决策提供有力支持，并能及时发现潜在问题，迅速采取措施，减少财务风险的发生。此外，一个成熟的企业筹资反馈系统还可以在条件允许时，通过图表等可视化方式呈现关键指标，辅助深入分析和决策，实现从宏观到微观，从行业、区域的项目监控到具体融资细节的精细化管理，确保对项目融资进程的全面把握。

（二）投资风险控制措施

1. 健全企业投资内部控制制度

随着 A 公司逐步融入全球市场，积极打造各类专属品牌，如欧盟、美国和日本的有机食品认证，其业务态势日益繁盛。企业规模的扩大，对构建完善的企业内部投资控制体系提出了更高的要求。无论企业决策者倾向于哪种投资策略或方式，都不可避免地要面对相应的风险挑战。下面是 A 公司投资活动流程图（见图 5-5 ）。

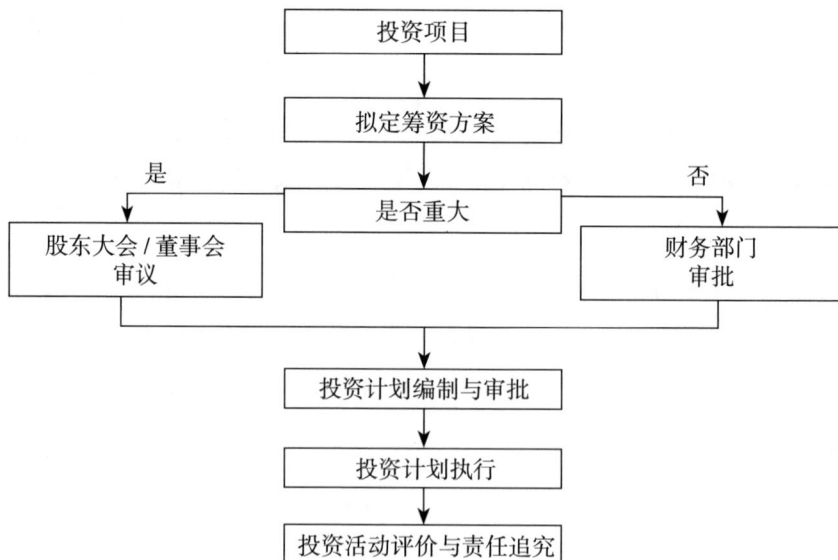

图 5-5　A 公司投资活动流程

投资风险管理架构旨在保证投资操作与相关程序的精确性和适配度，从而最大程度缓解企业的投资风险。商业资金作为企业资源的核心要素，是财务治理的重点。针对农业企业，资金管理应当采用集权审批模式，以增强资金的整体控制力度。在 A 公司的框架内，应建立预算制定与风险评价功能，实现并行运作，严格监控资金流转。投资内部控制流程需加强审计部门的配合与监督，提升财务部门的资金管理效能，审计部门须严格执行其监督职能。因此，构建一套完整有效的投资内部控制体系，其核心是三个主要部门之间的合作与制衡，确保每一项投资决策都能在最低风险状态下得以实施。

2. 建立企业财务风险投资预警系统

企业的预警部门是个独立运作的单元，与其他部门界限分明，互不干涉，仅通过间接方式参与企业运营，但不干扰决策，直接受最高管理层领导。尽管构建财务风险投资预警体系会提高管理成本，但却能有效减缓投资风险，防止企业遭受投资损失。该系统成员可专职或兼职，要求对企业的内部管理体系有深入了解，也可外聘管理咨询专家。一个对企业有益的风险投资预警系统应具备前瞻性的危机意识，基于内部和外部市场、行业的数据分析，能准确预见投资风险。关键是要建立全面的统计分析数据库，并确保信息收集和传递的及时、完整。

3. 完善企业投资反馈系统

一个健全的企业投资反馈系统对于公司的董事会成员和股东来说，能够增进他们对企业当前所有运营项目深入的认知。在每个经营性投资结束后，财务、人力资源、监管和审计等部门应协同工作，汇总涉及该业务的岗位配置、人力安排、会计流程、决策程序及其各个环节的详细信息，将其提交给管理层。这样，管理层就能实时并有效地掌握每个具体操作的细微之处，有利于他们在宏观层面把握企业的整体发展，全面了解企业运营状况，避免各管理层如"盲人摸象"般片面地理解企业经营活动。

（三）营运风险控制措施

1. 健全企业营运资金内部控制制度

为实现资金流和物流整合的最大功效，更好地进行营运资金管理，要着重从采购、生产、营销三个方面来健全 A 公司的营运资金内部控制制度。下面是 A 公司营运资金活动流程图（见图 5-6）。

```
        ┌─────────────────────────────┐
        │      A 公司营运资金活动流程      │
        └─────────────────────────────┘
     ┌────────────┼────────────┐
┌─────────┐  ┌─────────┐  ┌─────────┐
│  采购流程  │  │  生产流程  │  │  营销流程  │
└─────────┘  └─────────┘  └─────────┘
     │            │            │
┌─────────┐  ┌─────────┐  ┌─────────┐
│ 根据生产计划 │  │  销售下发  │  │ 销售部业务员 │
│ 制定采购清单 │  │ 生产计划单  │  │    接单    │
└─────────┘  └─────────┘  └─────────┘
     │            │            │
┌─────────┐  ┌─────────┐  ┌─────────┐
│采购经理、财务部│ │ 车间主任确认 │  │销售经理、财务部│
│    审批    │  └─────────┘  │    审批    │
└─────────┘       │       └─────────┘
     │       ┌─────────┐       │
┌─────────┐  │  车间生产  │  ┌─────────┐
│ 财务部付款鉴定│  └─────────┘  │  仓库确认  │
└─────────┘       │       └─────────┘
     │       ┌─────────┐       │
┌─────────┐  │ 质检部验收 │  ┌─────────┐
│  储运部运输 │  └─────────┘  │ 财务部收款鉴定│
└─────────┘              └─────────┘
     │                        │
┌─────────┐              ┌─────────┐
│ 质检部验收 │              │  门卫确认  │
└─────────┘              └─────────┘
     │
┌─────────┐
│  仓库签收  │
└─────────┘
```

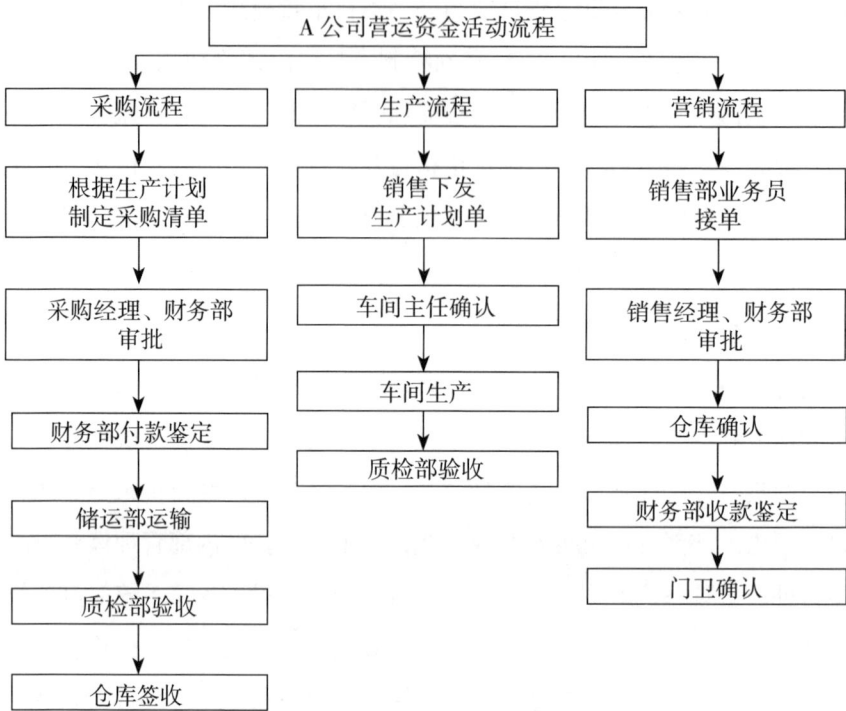

图 5-6 A 公司营运资金活动流程

面对我国"订单农业"的初级阶段，A 公司在运营资金内控中尤其关注采购环节。为了优化采购流程，A 公司应优先推动农业产业链升级，通过与农户建立深度合作关系，构建"企业—合作基地—农户"的新型农业发展模式，以此稳固采购基石。

尽管生产技术对 A 公司的核心竞争力影响有限，但生产环节的顺畅与否直接关乎业务运作。任何生产瓶颈或库存积压都可能导致大量营运资金被闲置，影响资金管理效率。因此，A 公司需持续优化生产管理体系，引入创新技术，强化生产过程监管，严把产品质量关，定期维护设备，并实施有效的问题反馈和责任追究机制，确保生产环节无缝对接经营活动。

营销策略也很关键，A 公司亟须摒弃过时的"推"式营销策略，转向以客户为中心的"拉"式策略，根据市场需求调整生产计划。通过与消费者建立紧密的互动关系，促进资金的快速流转，有效缓解营运资金周转压力。这样的全面策略将有力地提升 A 公司的营运资金管理水平。

2. 建立企业财务风险营运资金预警系统

企业特有的财务风险营运资金预警系统注重个性化，它不断优化针对企业特定状况的预警策略和可能导致运营风险的因素。与筹资预警和投资预警系统协同作用，形成立体防护网络，旨在全面防止企业风险。预警系统从企业的整体视角出发，设定长期风险监测指标，通过这些指标对运营资金实施管控。它将财务风险预警指标细分为偿债能力、盈利能力及盈利潜力等多个维度。

预警机制从企业持有的现金流量入手，动态追踪现金流向和金额，以此预判潜在的财务危机。当日常运营中现金流变动与流动资产实际值明显不符时，预警系统应迅速识别问题，定位问题根源，以便及时做出调整。利用预警系统提供的数据、信息和渠道资源，企业应根据自身状况建立现金流预警框架，参照历年现金流情况，评估未来运营中可能出现的风险状况。

3. 完善企业营运资金反馈系统

为了确保企业高层全面掌握基层运营状况及财务储备，构建营运资金反馈系统非常重要。该系统旨在促进企业决策者与基层员工之间的信息共享，以洞察日常运营动态。要实现有效的营运资金反馈系统，首要任务是实行每日银行存款报告，确保管理层即时得知存款的进出详情，包括收入来源和支出去向，从而使管理者或项目主管能够掌握资金流动状况。针对销售业务，会计团队要强化应收账款管理，深入评估客户信用资质、经营状态和应收账款规模，以强化后期追踪，确保信用政策得以严格执行，有效防范可能的资金风险。

第六章

基于风险管理的企业控制活动

第一节　企业全面预算业务控制

一、全面预算业务简述

（一）全面预算的含义

全面预算涵盖了企业在特定时段内对运营、投资及财务活动的详尽规划。它是指企业为达成战略愿景和运营目标，运用预算手段对预期的各项活动进行精确估算和有序安排。此管理活动强调以预算为基准，对执行阶段进行监控、调整、分析及评估。

全面预算构成了一套覆盖全体员工、所有业务和各个阶段的管理系统，是整合组织关键问题的少数高效管控手段之一。它在实现战略意图、提高经营效率、强化内部管控，以及抵御风险方面发挥着重要作用。当前，大型和中型企业广泛采纳全面预算作为其主要的现代管控策略。预算计划的数字化、表格化和细致化展示，彰显了其涉及全员、全程和全部门的特点。理想的全面预算应确保事前规划、事中管控，以及事后评估和追踪的能力。全面预算管理是企业治理的核心要素，而有效地实施全面预算控制和管理是评价现代企业财务管理是否科学和规范的关键指标。

（二）全面预算的主要内容

通常，企业预算被看作是全面预算，涵盖了销售预测、生产计划、采购估算、成本与费用预算、盈利预测，以及预期的资产负债表和现金流量表等要素。然而，对预算内涵的认识有待深化。

1. 预算分为运营预算与管理预算

这是一种基于预算管理职能的划分，运营预算面向运营层，因此其内容具有战略性、宏观性和全面性；而管理预算则服务于管理层，表现为较低层次、微观层面和操作性的预算。这种区分在预算管控中十分重要。

2. 货币预算与非货币预算的差异

企业的预算不仅包含货币形式的预算，也包括以产品单位数量、时间单位进行的预算，甚至可能以公司宗旨、规章制度、经营策略等非货币表述的形式存在。

（三）全面预算的实质

全面预算是一种以数字形式描绘的未来时间段内的详细规划，它不仅是一份责任分配清单，也是权力和义务的巧妙结合。通过这种结构设计，企业各个层级的管理者、董事会成员、经营者乃至每个员工的角色和权益都得到明确，以此推动科学决策与高效执行的无缝对接。全面预算的实施，实际上构建了一种动态的管理协作体系，通过不同角色在预算管理中的协同，强化了预算的立体管控。

全面预算超越了单纯的数据预测或规划，扮演着权力规范和制度设计的角色。一旦预算设定，它便如同企业内部的基石法则，所有相关单位都需遵循执行。预算的核心目标是管控，它以量化和图表化的形式，清晰地展现了各级管理层和责任部门的权力边界，其核心功能就是通过数据来约束和引导权力行使。

（四）全面预算的作用

1. 资源配置

资源配置与优化是预算管理的核心任务，它借助内部流程来降低交易成本，确保资源效益的最大化。

2. 管理协调

对规模较大的企业来说，管理的广度增加，需要一种手段增强管理协作，预算管理便通过制度执行来填补这一需求，从本质上加强了制度性的管控。

3. 全员参与

预算管理并非局限于财务部门，而是涵盖企业全方位的综合管理活动。它贯穿各部门及每位员工，把预算管理单纯地看作部门职责的理解是片面的。

4. 战略支持

预算管理扮演着指导当前行动的未来规划角色，体现出其战略定位。在动态预算中，如滚动预算和弹性预算，这一战略支持功能尤为明显，它们对未来会做出连续预测。

5. 自我控制

预算管理具备控制功能，预算是衡量标准，所有执行预算的主体都要明确自身目标和实施路径，从而实现自我管理和自我驱动。

（五）企业全面预算业务流程走向

企业全面预算业务流程走向如下所示。

预算编制控制→预算指标分解→预算执行→重大预算项目控制→预算外事项审批→年度预算调整→预算分析与考核。

（六）企业全面预算业务控制目标

预算管理的核心使命是分期推进战略愿景，并通过构建完善的执行与管控体系，高效整合并优化人力资源、物资资源、资金流及信息资产，以最大化地挖掘潜在价值，包括经济效益、品牌效益和社会影响力。预算管理在多个维度发挥关键作用。

（1）通过严谨的预算编制，涵盖经营预算、投资规划、融资策略和财务规划，确保决策过程的精确性和有效性。

（2）通过对企业运营数据的详尽收集和系统性统计，进行深入分析和实时监控，从而增强数据驱动的管理决策。

（3）通过优化生产流程和技术创新，持续改进技术经济指标，实现生产成本的实质性降低，提高整体运营效率。

二、企业全面预算业务应关注的主要风险点

（一）主要风险点

（1）若无预算制定或预算体系不完善，企业运营可能会陷入无约束状态或盲目扩张的困境。

（2）预算目标设定失当，编制过程缺乏科学性，可能会造成企业资源的无效消耗，甚至影响长远发展策略的实施。

（3）预算执行力不足，缺乏强制性，加上考核不严格，预算管理可能变得徒有其表。

（二）风险的具体表现

在企业的全面预算管理中，存在着一系列关键的风险环节，具体表现在以下七个方面。

（1）初始预算设计缺陷。缺乏深度的市场洞察和明确的规划，预算设定模糊不清，导致"三驾马车"（生产计划、投资策略和财务预算）之间的协调性不足，预算制定过程缺乏科学、实用指导。

（2）审批流程漏洞。预算审批程序不严谨，权限滥用或缺失审批，会削弱预算决策的权威性，进而影响其实施效率。

（3）执行层面问题。预算分解不细致，没有具体到部门和个人，与绩效评估体系脱节，或者预算信息未能有效传递，都可能妨碍预算落地执行。

（4）信息化项目的管理和维护挑战。项目运作和维护不到位，系统潜力未能充分利用，可能导致资源浪费，干扰企业的正常运营。

（5）动态调整的不确定性。预算调整缺乏充分的理由、合理的设计和严格的审批流程，可能导致调整频繁且随意，削弱预算管理的严肃性，从而影响企业战略和经营目标的达成。

（6）统计精度风险。生产统计数据的收集和处理方法不精确，可能降低数据质量，进而影响数据分析的准确性和经营决策效率。

（7）考核机制失效。如果预算考核机制不合理，不仅会影响预算的执行效力，还会阻碍企业战略和经营目标的实现。

三、企业全面预算业务主要控制点要求

（一）预算编制控制

1. 预算编制主体

《中华人民共和国公司法》明确规定，审议批准公司年度财务预算、决策方案、决定投资计划的权力在股东会或股东大会；制定公司年度财务预算、决策方案的权力在董事会；公司经理组织实施公司年度经营计划和投资方案。在实务当中，企业对预算管理的形式主要有以下三种。

（1）建立专业的预算管理团队。这个团队将专注于研究企业的运营活动和财务状态，进行预测、规划，并且主导预算的编制及执行工作。

（2）设立高层级别的责任中心以全面负责预算。这个中心应配备能进行综合规划的专业人士，或者为整体企业管理提供支持的人员，确保他们全力支持最高管理层或全面经营决策层的需求。

（3）采用委员会架构。在全面预算的制定和执行过程中，有时会设立委员会制度，如设立由常务董事会直接管辖的长期预算委员会。这样的委员会可以汇集各部门的意见，增强内部沟通，从而在预算执行期间更有效地达成目标。预算编制过程更多地融入基层员工的观点和想法，企业可根据自身特性选择最适合的预算组织结构。

2. 预算编制起点

企业在设定预算时，可采纳多种方法，其中包括传统计划经济时代以产量为基准的方式；而在改革开放后，出现了以销售、成本及现金流量为出发点的模式；还有以盈利为首要考虑的预算起点模式。企业需依据自身的业务需求及所在行业的特性，挑选适宜的预算策略。对于大型企业，通常会选取一种主要模式，并辅以其他模式进行综合运用。例如，可以采用基于平均利润的利润预测，以市场动态指导销售规划，通过加强内部管控制定成本费用预算，以创新和发展为焦点设计投资预算，并且以财务收支为重点构建现金流量预算。预算编制的过程应遵循目标利润→销售预算→成本预算→采购预算→现金流量预算的顺序，实施总分结合、上下联动、内外兼顾的方法。

3. 预算编制方法

预算编排的策略依据部门特性、子公司的特性和费用的类别呈现出多样性，主要包括以下三种创新方法。

（1）基本增减预算法。这种方法以过往年度预算为基础，通过考量预期的变动因素来制定预算，其优点是简便快捷，然而其局限性是无法有效应对复杂的变化，适合业务稳定、波动较小的企业环境。

（2）灵活多级预算法。这种方法设定多个预算选项，基于常规业务状况的70%~110%，鼓励企业在不同业务水平下进行灵活调整，增强了适应性。

（3）起点为零的预算流程。零基预算法强调从头开始，完全不依赖历史数据，每个预算项目都需要重新评估其必要性。这种方法要求详细分析和比较各种预算方案，按照效益优先的原则确定最佳方案，尽管这可能带来详尽且耗时的规划过程。

对于那些注重创新和变革的部门，如研发部门，零基预算法可能是个更适用的选择，因为它能确保预算分配的合理性并追求高效利用资源。

4. 预算编制模式

在预算构建的过程中，存在两种主要模式。一是自上而下的模式，此模式将下属部门或分支机构，包括各个层级的职能团队，视为预算管理的被动参与者。预算目标由上级管理层全权决定，基层仅作为执行者，不具备自主决策的权力。这种模式与高度集中的管理理念相吻合，特别适合于集权型企业。其操作流程大致为：企业高层先形成预算的整体构思，再据此向下属部门提出具体预算要求，以此引导他们制定运营预算。二是自下而上的模式，这种模式更注重下级预算单位的预测。高层管理者仅设定目标，并专注于监控目标实现的结果，而不深度干预执行细节。这种模式更常应用于分权管理模式的企业。

（二）预算指标分解

预算规划是企业内部各部门依据整体愿景与部门使命，核算所需资源，如资金、人力、物资等关键要素的过程，它描绘的是在既定目标和限制条件下，企业如何实际部署预算的战略路径。在预算实践启动前，企业需将战略目标转化为各部门乃至执行层面的量化指标，这些指标与非财务目标共同评估业务单元的表现及企业整体目标的推进程度。因此，企业重视年度预算的制定，并将其细分为季度和月度目标，确保预算覆盖所有部门和环节，形成一个全方位、立体化的预算管理体系，确保每个岗位都有明确的业绩指标。

预算分解旨在提升执行效率。预算执行层由各个预算责任单位负责执行，通过赋予各部门和员工明确的责任、权力和利益，构建起相互制约、相互协作的执行框架，这能够确保预算执行的有效性。

（1）根据年度预算的预设支出和盈利目标，结合组织结构和管理需求，进行预算分解的启动工作。

（2）财务部门或相关管理部门会依据企业的管理层级，综合考虑各专业部门和下属单位提交的预算细分信息，汇总形成年度预算分解指标体系。经过相应的审批流程后，正式发布执行指令。

（3）为了确保年度目标的实现和预算的达成，必须从月度层面出发，要求各部门按月制订详尽的生产运营计划、物资采购计划、人工成本预算，以及主要能源消耗等核心经营预算，以确保月度目标的顺利达成，进而推动年度目标的实现。

（三）预算执行

预算执行作为法定程序下批准和审核预算的具体实践行动，是将预算理论转化为现实操作的核心环节。企业在此过程中，须巧妙融合项目管理、量化管理、金额调控和信息化手段，将预算内容细分为各个项目类别，从项目规模、资金分配，以及业务关联的部门等多维度进行精细化管理，借助先进的电子信息系统构建企业级全面预算管理系统，通过计算机程序和网络系统严格监控预算指标。

（1）强调预算刚性执行原则，预算目标在不同层级和领域分解后，预算期间的关键支出如项目成本需严格遵循既定界限，一旦超出界限，信息系统会自动警报并启动预警机制。特殊情况需突破限制，需经过正式申请和权限人员审批，以维护预算的权威性和有效性，确保目标达成。

（2）赋予相关部门更大的预算自主权。各部门在预算范围内可自行决定支出事项，无须层层汇报，此举既扩大了责任范围，也提高了执行效率。

（3）设立定期预算报告机制。在执行过程中，各部门需实时评估预算执行情况，对比实际与预期，找出差距并提出改进措施，定期向预算管理团队提交详细报告，供预算决策层动态跟踪全局执行情况。

（4）以经济效益为导向，构建严密科学的绩效考核体系。严格执行预算目标责任制，以预算绩效为评价基准，根据奖惩制度公正评价预算执行者的贡献，并将预算责任与薪酬紧密相连，从而激发执行者的积极性。

（5）当市场变动或特殊事件影响预算执行时，相关部门需迅速分析原因，按照规定的程序向预算管理部门提出修订申请。修订后的预算需经过合法流程批准后才能生效，确保决策的严谨性。

（四）重大预算项目控制

企业预算管理委员会或相关职能部门需对年度内遵循企业规章制度设定的重大预算事项进行持续关注和深入追踪，确保其执行过程和完成状态受到严密监督。这些关键预算项目的责任应明确赋予相关业务的主管领导及具体执行人，实行特殊的例外管理策略。在预算执行期间，如遇到特殊状况、难题或明显偏离预期的大型项目，应要求负责执行的部门探究其根本原因，并提出提升运营管理水平的策略和提案，送交具备相应审批权的人员进行审查。

（五）预算外事项审批

对于非预算内项目，企业应遵循"单独审批，先审后行"的严谨策略。当出现此类情况时，负责的单位或部门需提交申请，经预算管理委员会或相应部门的审查同意，再由有权批准的人员核准后方可实施。

（六）年度预算调整

如若年度业务运营计划、组织结构等核心预算资源和环境发生显著变化，致使企业预算执行出现重大偏离，需要修正年度预算，应由预算责任部门发起申请。在预算管理委员会完成审核，并完成相应的审批流程后，须由企业主要负责人批准并签发方能生效。

（七）预算分析与考核

1. 预算分析

企业会定期举办经济研讨会议，以深入探讨各项预算计划，包括运营预算、资本预算、融资预算及财务预算，以此揭示预算构建与实施中可能存在的不足。财务部门在会议上分享关于预算细分目标的执行进度和偏差等财务数据，公开预算执行的状态，而各相关部门需对比实际执行与预算目标的差距，提出相应的改善策略，并迅速采取修正措施。企业需对各部门的改进行动进行跟进和督导。

2. 预算考核

为了确保预算目标的达成，企业会周期性地进行预算执行考核。绩效评估部门会考核各个单位和部门的预算完成情况，并公布考核结果。经授权批准后，这些结果会被整合到整体绩效评估中。企业需将预算目标的实现情况融入绩效考核框架，设计考核办法，并按规定的权限进行审批。在对企业内部控制系统进行全面评估时，预算控制的效能是重点考量对象，它为预算控制的成效提供了保障。

实践中，预算执行相较于预算编制更关键，因为它构成了实际的管控活动，并且是展现预算价值的关键环节。在预算执行的各个环节，企业需明确责任部门，指定专人进行监管，以确保预算的有效实施。对预算进行持续评估，找出潜在问题，及时进行优化，也是不可或缺的一环。

第二节　企业货币资金业务控制

一、货币资金业务简述

（一）货币资金的含义

企业的经济活动基础通常由货币形式的资源构成，这些资源包括现金、银行存款和其他金融工具。货币资金在企业运营中是经营活动的起点和终点，确保了生产与经营的顺利展开。货币资金的特点显著，如高度的流动性、相对较低的收益潜力，同时受到国家宏观经济调控的严格监管。

（1）我们区分货币资金的不同形态和用途。它涵盖了现金在手、银行存款及额外的金融储备，如异地存款、银行票据、本票存款、信用证保证金、信用卡存款和投资相关款项等。作为企业流动性的核心，现金和存款是财务审计中的关键环节，因为其频繁用于交易和偿债。

（2）货币资金本质上是可以即时使用的流通媒介，它能够直接用于购买商品和服务，或者清偿债务。在资产负债表中，货币资金被列为流动资产的重要组成部分，计算方法基于库存现金、银行存款和其他货币资金账户期末余额，但不包括专款专用的资金。

（3）货币资金的循环贯穿于企业的整个运营周期。当企业获得投资现金、接受赠款、借款融资、销售收入等，都会增加货币资金的流入。反之，购买原材料、支付工资、缴纳税款等日常运营开支则导致资金流出。因此，对货币资金的管理和监控是企业财务管理的核心任务之一。

（二）企业货币资金业务流程走向

企业货币资金业务流程走向如下所示：

制定控制制度→资金预算管理→收支两条线管理→资金收付管理→银行账户及印鉴管理→银行存款管理→现金管理→重大事项管理→特定金融业务管理→资金用户与系统安全管理→资金的分析与考核管理。

（三）企业货币资金业务控制目标

针对货币资金业务的独特性和企业运营的管控需求，其控制机制应致力于达成以下目标。

（1）提升货币资金管理效率，全面激发货币资金的潜力作用。

（2）强化支付与结算的审批流程，保障资金运用的合规性，以及货币资金和其他资产的安全性。

（3）确保统计信息的准确、真实和完整，满足财务核算和对外信息披露的精确要求，有效防止资产的无端损耗。

（4）建立对外投资的规范化管理体系，确保投资行为遵循既定规程，减小投资风险，保障投资安全，防止资产被滥用、挪用、非法转移或盗窃，以及防止低价处置资产，以提高投资回报的收益和提升效率。

（5）保证重要业务决策、关键人事任命及大量资金使用的集体决策过程，防止权力过于集中，通过岗位之间的相互制衡和监督，实现有效的内部管控。

二、企业货币资金业务应关注的主要风险点

（一）主要风险点

（1）不恰当的资本募集决策可能导致财务结构失衡或无效的资金获取，从而引起高额的筹资成本或严重的债务问题。

（2）投资决策的错误可能导致无序扩张或错失战略机遇，这可能会使企业面临资金链断裂或资金利用效率低下的风险。

（3）资金管理不善或运营不畅，有可能将企业推向财务困境，或者造成资金的过度闲置。

（4）对资金活动缺乏严格的控制，可能为资金的挪用、侵吞、抽逃或欺诈行为提供可乘之机。

（二）风险的具体表现

在企业货币资金运营过程中，潜在的风险点主要体现在以下十个方面。

（1）组织结构与职责混淆。财务部门的功能划分不清，关键岗位缺乏独立性和限制性规定，可能导致资源冗余或职责真空，降低工作效率。

（2）预算管控漏洞。预算审批流程不严谨，权限超越界限，可能削弱预算的权威性和执行效率，阻碍战略目标的实现。

（3）预算灵活性过度。预算调整决策缺乏充分依据，程序不规范，频繁调整，削弱了预算管理的严肃性，不利于业务目标的达成。

（4）账户与现金管理疏漏。现金管理存在隐患，如盘点不准确，账户管理不规范，易滋生资金风险，如挪用、占用等问题。

（5）法规遵从性风险。违反金融法规或内部管理规定，可能导致法律制裁和商业信誉受损。

（6）业务监督不足。资本运作过程缺乏有效的监控，未能及时发现并纠正问题，损害了企业利益。

（7）业务流程缺陷。在合同履行、信用审批等环节出现错误或延误，影响了财务报告的准确性。

（8）信息技术挑战。信息系统设计与运维不当，造成资源浪费和决策失误，对数据安全构成威胁。

（9）预算分析失准。预算分析方法不精确，未能及时调整预算偏差，削弱了预算执行的控制功效。

（10）财务印章管理失误。印章刻制、保管和使用不当，可能导致资金安全失控，易遭受挪用风险。

每个环节都需要企业高度重视，以确保货币资金的稳健运营。

三、企业货币资金业务主要控制点要求

（一）制定控制制度

1. 职务分离控制制度

企业需构建货币资金业务的岗位责任体系，清晰划分各部门和岗位的职责和权限，以确保货币资金业务的不兼容岗位之间能实现独立、互相制衡和监督。

2. 人员控制制度

企业应重视人员素质的提升，针对货币资金业务，选拔并培训具有专业素养的员工。他们需掌握扎实的法律知识和操作技能，熟知国家关于货币管理的法规和规章制度，以确保操作的合规性和准确性。

3. 授权批准控制制度

审批人员需严格遵守制度，仅在授权范围内行使决策权，任何超越权限的行为都将受到严格约束。

4. 货币资金业务控制制度

建立货币资金控制制度的目的在于实现企业货币资金的开支的合法、合理和货币资金回收的安全可靠，防止贪污舞弊行为，保证会计资料的正确，满足生产和经营的需要。货币资金控制制度的重点在于对货币资金的安全性、完整性、合法性、效益型环节的风险控制，其原则是职责分开、交易分开、内部稽核。

（二）资金预算管理

企业需精心策划资金预算的构建与审核流程。财务部门担纲重任，参照经营策略、投资规划等信息来制定资金预算，待获得授权后方可执行。

（三）收支两条线管理

1. 收支两条线管理

企业应实行资金收支两条线管理。所有资金流入应直接汇总至企业主账户或特定分配的账户。任何资金支出都需遵循预先设定的预算标准，并通过已审批的银行账户执行付款操作。

2. 货币资金限额管理

对于核心账户，以及经许可设立的其他银行账户，企业应采取额度控制管理。此限额由财务部门精确设定，并需持续实时监控账户余额，并且进行深度分析。

（四）资金收付管理

1. 货币资金收入的核实与账务处理

财务部门应确保所有收入款项经过严格的核实和及时存款到指定账户，杜绝任何形式的违规行为，如私存现金、使用非正式收据代替入库记录、隐藏账目或设立隐性储备。财务部门需对每一份原始凭证进行详尽核查，确认无误后迅速进行会计操作，并接受不同职位人员的双重核验。对于跨国业务或海外项目的财务结算，财务团队需实施定期审计，确保资金流动的透明性。

2. 付款的申请与审批

业务部门在提出付款请求时，需严格遵循权限规定进行审批，然后将申请递交给财务部门。财务部门需通过资金管理系统创建详细的付款申请单，明确列出款项用途、金额、预算和支付途径，同时需附上相关的支持文档。涉及大额交易还需额外经过特定流程和授权人员的审批，企业可以参照更为严谨的决策制度，如"三重一大"。

3. 财务部门执行付款

财务部门在付款前，会对付款单据的合法性、合理性，以及费用开销是否符合预算进行深度审查，还会仔细校验付款方信息、金额，以及支付方式等关键数据的一致性。只有在所有细节都验证无误后，才允许付款。已付款的审批文件和原始单据需盖上"已付款"印章，以防止重复支付。

4. 货币资金支付的账务处理

在财务部门完成审核并确认无误后，相关凭证会立即纳入会计处理流程，并再次由不同职务的人员进行独立复核，以保证财务流程的严密性和准确性。

（五）银行账户及印鉴管理

1. 账户管理

企业需执行银行账户的一体化管理。财务部门全权负责账户的开设、调整及关闭，所有操作必须严格遵循企业财务管理制度的授权规定。确保在资金信息管理系统中即时且精确地更新所有账户的开设、变动及关闭详情，这些信息需与相关证明文件保持吻合。如在企业资源规划系统或财务信息平台上创建或限制银行核心数据，必须获得财务部门主管的批准，并保证关键信息与资金系统的银行账户主数据信息完全对应。

2. 网上银行管理

依据企业的业务需求，当需要启用网上银行以进行线上查询和银行对账时，财务部门需完成网上银行开户申请表格的填写。此表格应详细列明拟开启的网上银行查询和对账服务，以及将获授权访问网上银行的人员（即持有客户证书者）及其各自的权限范围。在经过财务部门主管、总会计师或公司相关高层领导的审批后，申请表需加盖企业公章。接下来，财务部门将负责处理网上银行的开通流程。

3. 网上银行交易管理

依据公司的运营需求，开展网络银行业务时，必须先征得高级管理层的审查和许可。网银支付流程通常包含申请、审批两个步骤，某些情况下可能还需增加复核阶段，以确保操作的有效性。具体来说，经审批的支付请求及相应的支付凭证会被制单员用于在网上银行生成支付指示。此外，财务部门的授权专员会介入，执行复核和审批这两道工序。唯有当以上步骤全部完成后，支付命令才会被提交到银行系统以执行资金转移。在整个过程中，包括制单、审核及批准，均由不同的授权人员独立操作。完成转账后，银行会出具一张加盖印章的纸质"电子收付证明"，作为其提供的确认单据；而该确认单据会被财务部门作为会计凭证的一部分进行存档。

4. 客户证书与密码管理

各企业委派的工作人员需单独持有其专属的客户凭证及其配套密码。针对同一网络银行服务，每名授权人仅可获取唯一特定的客户凭证和密码，绝对不允许一人同时掌握并操作多个凭证与密码。一旦授权人员收到凭证与密码，应立即验证凭证的有效性与密码的封装状态，并确保安全存储。若发现或怀疑凭证遗失、损坏、密码泄露等情况，应立即通知开户银行进行挂失处理。客户证书和密码由个人亲自保管，仅在职务调动或出差（出差返回后需立即取回证书并更改密码）等特殊情况下的工作交接除外，不得转交非授权人员。此外，授权人员应遵循 IT 系统的常规控制规则定期更换密码，以避免密码被泄露。

5. 银行印鉴管理

企业需严谨管理银行预留的印鉴，财务专用章必须由特定人员看管，个人名章应由本人或其正式授权的代表保管，绝对不允许一人同时管理或使用所有印章。

（六）银行存款管理

1. 银行存款（财务企业存款）核对

财务团队每月执行严格的银行账户审计，通过电子手段制作详细的银行存款对账表，并将对账记录以电子形式上传。对于采用银企直联模式的企业，他们需每日严谨处理入账通知，随后同步上传精确的对账数据，借助先进的财务信息系统或者企业资源规划平台的精准功能，生成日常银行余额调节表和月度对账报表。在那些依赖资金管理系统自动对账功能的企业中，系统会自动化生成这些表格，包括日对账余额调节表和月度汇总。系统中的存款利率务必与当前市场利率保持同步，务必及时更新，以适应公司特定的银行利率策略，确保系统内利息计算方法与银行现行标准保持一致。

2. 跟踪落实未达账项

财务管理部门在监控未清账目的过程中，遇到超过一个月的悬而未决的事项，务必深入调查其根源，并追究相关人员的责任。对于异常的未达账项，需迅速挖掘问题源头并采取后续措施。银行账户的此类事务应在下个会计周期结束前解决，而企业内部账户需当期结清。特殊情况需立即向主管领导汇报，以获取决策指导。

3. 银行账户对账单的索取

获取银行账户对账单的职责应由非财务岗位人员，如非出纳、非现金管理和银行存款记录者来执行，以实现职务分离原则。至于企业内部账户的对（进）账单，员工需通过企业资金管理系统自行下载，并由不同岗位的人员进行复核审计。

4. 票据管理

财务部门每月结算时，需制订下月的票据操作计划，并经总会计师审阅批准。所有票据的签发、贴现活动都应在资金管理系统中进行详细记录、审批后再执行。关于与货币资金相关的票据，如支票、汇票、有价证券等，必须明确详尽的管理流程，确保在收票、签发、退回、验收入库、记账、保管、贴现、背书和转让等关键环节，严格执行不相容职务分离原则，同时定期对其进行审查。对此类票据，应设立专门的登记簿进行全程记录。

（七）现金管理

为了优化财务管理流程，企业应积极采用电子支付方式，如电子转账和在线收款设备，逐步淘汰传统的现金交易。对于单位银行卡，应实施严格的权限划分，即卡片、POS设备与独立密码的管理，并确保密码的定期更新，以提升安全性。在必要的情况下，务必遵循中国人民银行对现金使用的严格限制规定，对超出限额的现金余额，需立即按要求进行银行存款。财务部门需强化对现金流动的监控，明确界定现金管理职责，并执行标准化的现金操作规程，以确保合规并提高效率。

（八）重大事项管理

财务部门应当构建财务资金的重要事件通报机制，规定资金管理的问责主体、信息上报的流程及期限。在遇到如法律诉讼、仲裁事件、银行账户被查封、资金遭受非法使用或者涉及员工的不正当行为等重大资金管理问题时，财务部门或相关单位需立即向财务主管及相应的高层领导进行汇报。

（九）特定金融业务管理

企业需对特殊的金融活动实施全面管控和严谨的许可机制。未经许可，任何单位不得擅自进行委托理财、证券、基金、期货、金融衍生产品交易，以及投资性房地产等操作。如业务发展确实需要涉及此类金融活动，须经企业相应的决策层级审批，并制定统一的操作方案。该方案需经过法律部门的详细审查和确认，随后授权相关部门执行具体任务。企业务必强化特殊金融业务的监管，以防风险发生，一旦出现问题，应及时向公司管理层汇报。

（十）资金用户与系统安全管理

1. 资金管理系统用户管理

系统用户管理体系在财务部门的构架中占据核心位置，依据资金集中管理的岗位配置，明确定义系统管理员和用户的职责范围，规定添加新用户和剔除旧用户的操作流程，确保所有操作都遵循严格的审批程序。新用户的添加需经过财务部门的严格审查，然后递交给具备相应权限的决策者进行批准。对于停用用户，财务部门需独立审批并在线上备案，以维护系统安全。

2. 密码安全管理

财务部门应设立严谨的密码管理和 U 盾（电子签名和数字认证的关键设备）领退管理制度。每个用户需独自负责其密码安全，根据 IT 通用控制规范定期更新，以确保信息安全。U 盾使用者需妥善保管，以保证其在在线银行服务中的有效利用。付款专用设备仅限于电子支付和相关凭证处理，严禁超出这些功能范围。

3. 软硬件管理

财务与信息技术部门携手构建了针对资金管理系统计算机的启用、维护和停用规程，强制实施每个资金专用计算机都与特定的 IP 地址绑定，禁止跨 IP 访问，确保资源专一化使用。

4. 软硬件维修管理

当资金管理系统计算机需要送往外部维修时，必须先由财务和信息技术部门的专业人员彻底清除系统程序和存储数据，并经过双人确认，以防敏感信息被泄露。

5. 数据管理

财务部门制定了详尽的数据档案管理规则，对系统查询和数据转移执行严格管控。未经部门负责人或财务高层的书面许可，严禁财务部门或个人将资金系统内的数据分享给非财务部门，以此预防资金信息非授权流出。

（十一）资金的分析与考核管理

1. 资金管理情况分析

为了确保财务稳健运营，企业需构建严谨的财务监管体系。每个月，企业应实施全面的资金使用评估和预算执行审计，深入剖析资金流动状况，并将这些关键信息作为专门议题在高层会议上进行详尽汇报。

2. 货币资金管理检查与考核

针对内部管控，企业每季度务必执行一次严格的银行账户核对程序，以验证账目的一致性。同时，企业需推行岗位分离原则，通过职务间的相互监督来增强内部控制，任何偏离规定的操作都将伴随明确的奖惩机制，以强化合规文化。

第三节　企业采购业务控制

一、采购业务简述

（一）采购的含义

采购是企业于特定环境下在供应市场中获取产品和服务，以此类资源来支撑企业日常的生产和经营行为的一种关键商业活动。

（二）企业采购业务主要内容

企业采购的核心任务是高效、经济地获取所需物资，以保障企业的运营顺畅无阻。

1. 采购预算的制定

企业需定期规划采购策略，实行分部门责任制，有序策划整体采购活动。在采购行动中，必须严格遵循预设的财务限额，任何超出预算或未经调整的额外采购项目，必须经过严格的预算调整流程后才能实施。

2. 供应商的确认

建立严谨的供应商筛选和接纳体系，广泛收集并深入审查潜在供应商的信息，进行详尽的尽职调查，以构建一个优质的供应商库。一旦确认合作，企业应与供应商签订严格的质量保障协议，并利用先进的供应商管理系统进行日常监控。

3. 对供应商品质体系状况的评估及认证

实施动态的供应商绩效管理，全面考量商品和服务的质量、价格竞争力、交付准时性、供应条款，以及供应商的信誉和业务运营状况，根据这些评估结果灵活调整与供应商的合作关系。

4. 加强采购资金的管理

企业强化采购资金支付的管控，优化付款流程，明确付款决策者的职责权限，确保每一步都严格审核，包括采购预算、合同文件、相关证明和审批程序等，只有在所有环节确认无误后，才能按合同约定及时完成支付操作。

（三）企业采购业务流程走向

企业采购业务流程走向如下所示：

采购业务运行机制→采购计划编制→采购策略→供应商管理→物资采购价格确定与发布→物资采购→采购过程控制→采购付款→采购绩效管理。

（四）企业采购业务控制目标

针对采购流程的独特性及其在企业运营中的关键作用，采购业务控制的目标具体体现在以下五个方面。

（1）构建并优化组织结构，明确各部门在决策、执行和监督环节的角色及权力界限，以创建一个既分工明确又相互制约的高效体系，从而有效预防并管控各类潜在的欺诈行为。

（2）倡导基于数据和逻辑的明智采购策略，确保生产和建设项目所需的物资能稳定、迅速且经济地供应；同时，强化供应商关系的系统化管理，设定严谨的供应商准入标准，并严密监控其合作动态，以提升供应商管理的标准化和精确度。

（3）实施灵活的框架协议采购模式，旨在通过简化流程，提升物资获取的响应速度和整体效率。

（4）强化物资供应流程的实时监控，确保在供应链中占据主导地位，保证财务和业务报告的真实、准确无误。

（5）执行严格的审批制度，确保企业的资产安全无虞，杜绝任何可能导致资产流失的风险，维护企业资产的完整性。

二、企业采购业务应关注的主要风险点

（一）主要风险点

（1）购置规划的不当制定及对市场动态的误判可能导致库存管理问题，要么是供应不足致使生产中断，要么是库存过剩造成资源的无谓消耗。

（2）选取供应商失误，采购策略欠佳，招标、定价流程欠缺合理性，加之授权审批流程不合规，可能会引起采购物品质量低下且成本过高，进而滋生腐败行为或使企业陷入欺诈风险。

（3）如果采购验收标准松散，付款核查不严谨，可能会引起采购物资的质量损失和资金滥用，甚至损害企业的信誉。

（二）风险的具体表现

企业在进行采购活动时，需特别关注以下十一个核心风险领域。

（1）组织结构与职责划分风险。内部结构设计不合理，采购部门的角色界定模糊，未能实施有效的职责分离原则，且关键岗位缺乏明确限制，可能导致机构冗余或职责真空。这种混乱也可能导致工作效率低下，流程效率受阻。

（2）采购策略管理风险。采购计划的制订、审批、变更和执行程序不规范，

采购决策失误频发，可能会导致库存供需失衡，库存积压或短缺，进而威胁到生产活动的连续性和资源的有效利用。

（3）采购决策流程风险。采购请求制度缺失或者审批过程不严谨，可能会出现越权审批或者申请失控的情况，这将带来采购物资数量失控，或者供应不足的问题，严重干扰企业的日常运营和经济效益。

（4）采购信息系统风险。

①执行阶段的风险。如果信息系统项目执行不力，可能会导致项目目标无法达成，进而干扰日常的生产运营活动。

②信息系统的权限控制风险。如果权限管理存在疏漏，可能会使系统和数据在没有得到充分授权的情况下被访问，或者发生不适当的访问行为。

③信息化项目运用与维护管理风险。若信息化项目的运行维护工作不到位，系统功能未能得到有效利用，可能会造成资源的无效消耗，给正常的生产运营带来负面影响。

④信息系统数据管理风险。如果未经适当审核的数据流入系统，或者数据修改缺乏必要的审批、监控和记录，都可能导致系统数据的错误或恶意篡改，从而引起业务处理的失误乃至财务损失。

（5）采购决策风险。采购策略选择失误或操作失误，如未能详尽评估供应商，采购过程缺乏公开竞争，可能会导致采购产品质量低下、价格过高、技术不达标或延误交付，甚至滋生腐败或欺诈，严重损害企业的经济利益。

（6）交易执行误差风险。在执行采购交易时，未能严格执行合同条款，如忽视对采购合同执行状态的监控，缺乏对采购保障措施的实施，则可能导致物资损失或供应不稳定，对企业的运营构成挑战。

（7）供应商关系管理风险。供应商管理流程不严谨，如准入标准不严、供应商信息维护混乱或绩效评估流于表面，可能会导致沟通不畅，信息传递不准确，从而引发质量问题、交货延迟，使企业在交易中处于被动，甚至招致欺诈行为，损害企业利益。

（8）物资存储管理风险。物资储备管理不到位，可能导致库存积压和资源浪费，无法实现资源的高效利用。

（9）资产价值核算风险。资产账目不符，存在虚增或漏记，账外资产未纳入记录，资产定价调整未经恰当审批，摊销和折旧处理错误，资产确认滞后，会计报表准确性下降，财务报告公正性受损，可能会面临监管机构的处罚。

（10）付款流程风险。在支付采购款项时，未能准确核实结算文件，如采购订单、验收单、付款凭证和发票，或者违反付款审批程序，可能导致资金延误支付或难以追回，对企业财务造成负面影响。

（11）数据管理疏忽风险。采购数据管理不善，缺乏有效核查和数据分析，会影响采购效率和业务运营的稳定性。

三、企业采购业务主要控制点要求

（一）采购业务运行机制

1. 归口管理

企业需建立物资采购或供应部门，负责统一管理包括物资规划、供应商选择、定价、品质监控，以及库存储备在内的各项供应链活动，从而实现供应与管理的一体化运作。企业的物资采购或供应部门作为物资储备的主要管理机构，承担着集中管控库存、统筹调配、优化库存利用，以及处置过剩物资的任务。而物资需求计划的审查管理部门被视为控制物资库存资金占用的关键责任方。

2. 建立健全供应商准入名录

采购管理部门，无论是物资采购或是供应部门，需设立严谨的供应商准入名单，对于未纳入公司采购清单的供应商，禁止进行采购活动。企业的工程项目采购等事务，原则上不应分散至多个部门执行，如有特殊情况需根据业务需求，经由相应的审批流程后方可进行。

3. 网上采购

对于具备先进信息化网络平台的企业，其采购或供应部门务必利用内部电子商城执行线上采购，并建立评估机制以保障线上采购的质量。

4. 大型企业可以采取集团化采购实施

为了实现高效且经济效益最大化的采购，企业采购或供应部门应主动承担直接采购和集中采购的任务，可借助采购框架协议下的订单采购方式，以确保企业利益。

5. 做好岗位制衡工作

依据采购系统的责任划分和职务冲突避免策略，关键是要确保不同岗位间的有效制衡，具体措施如下。

（1）维护供应商、物料及采购信息档案的角色，不得兼管采购操作。

（2）编制需求计划和预留任务的执行者，不得同时承担需求申请的审批；同样，发起采购申请的人员不得兼任审批工作。

（3）采购订单的生成、货物验收记账和发票验证的职能应各自独立，相关系统的操作权限不得集中在同一人手中。

（4）付款申请的处理者，不可同时负责采购及付款的财务处理工作。

（二）采购计划编制

1. 企业采购系统中物料主数据维护

授权操作人员需严格遵循企业的物料管理系统指南，基于既定的物料基础信息和经过审批的物料主数据请求表格，定期更新并核实物料主数据的关键细节。对于工业标准描述字段，任何改动都必须遵循严谨的变更流程，确保其准确性。

2. 物资需求计划编制

企业必须明确规定各类物资需求计划的审批流程，各部门需根据实际运作的需求，由物资使用部门精确无误、迅速地制订物资需求规划。在得到相应的权限批准后，这些计划需提交至物资采购或供应部门。针对不同类型的物资应用，例如，大型维修或新建设项目，企业应明确物资需求提交的具体时间框架。

在紧急情况下，若需即时领料但尚未制订需求计划，员工必须按照企业预先设定的特殊程序进行操作，领取所需物资后，务必在规定时间内补办相关审批手续，以确保合规性。

3. 物资需求计划控制

企业在规划和核查物料需求时，禁止直接或间接设定供应商。对于具有唯一代理权、专属或专利性质的特殊产品，需附带相应的唯一性、专属性证明文件，经由企业负责需求计划的高层领导进行审批。

4. 物资采购计划控制

企业的物资购置或供应链管理部门在遵循既定的需求评估后，会整合资源并制订详细的购置规划，且依据部门内部的规章制度进行内部审议。这个规划需详尽列出所需物资的名称、详细规格、数量及交付日期等关键信息。

（1）在企业电子交易平台中，严格设定采购请求的审批流程和权限分配，确保申请的创建与审批环节明确分离，避免交叉操作。

（2）系统操作员需精确无误地录入所需物料的详细资料和参数，通过综合平衡分析，成功生成采购申请。

（3）负责规划的人员会持续监控电子平台上待执行的采购申请，对于不再需要继续跟进的申请，他们会适时地进行清理和调整。

5. 物资需求计划变更

企业需建立物资需求计划变更管理规则。如因生产活动或建设项目变动引起物料需求变化，应按照既定的流程和时间限制准备变更申请报告，并递交给相应的管理层进行批准。

（三）采购策略

1. 年度物资采购策略

每年年底，由企业的物料采购或供给部门负责启动下一年度的重要物料购买规划的编制，该规划将详细规定在供应商挑选、采购方法决策、采购流程管理和库存控制等关键领域的策略及行动方案。由企业主管物资供应的高层领导协调计划、生产、财务、企业管理、审计、监督及需求单位，共同参与采购策略的集体审议。物料采购或供给部门需依据审议通过的年度采购规划执行采购任务。

2. 工程项目物资采购策略

在实施工程项目的物料购置过程中，企业的物资采购或供应链管理部门需依据既定规范，逐阶段制定详尽的采购策略，并发起跨部门的深度研讨，包括设计和工程团队的积极参与。在得到企业供应管理高级领导的严格审阅并确保符合规定后，策略会按照相应的权限流程提交审批或存档备案。

（四）供应商管理

1. 供应商管理职责

组织需严谨对待供应商的筛选、评估和管控。非授权人士不得擅自变动供应商资料及产品清单。

（1）供应商的核心数据建立和更新需经过特定审批流程，由具备供应商数据管理权限的人员执行。

（2）财务部门需依据会计准则对供应商的会计信息进行核查，以保证配置的供应商主导账户的准确性。

2. 准入供应商资格预审

针对候选供应商的准入，采购部门应严谨执行资质评估程序。对于关乎生产设施安全的供应商，他们必定会实施实地考察，生成翔实的考察报告，明确考察结果并据此提出关于准予供应特定产品的推荐意见。这些决策将遵循严格的审批制度。

3. 采购订单执行

在指定的时间框架内，负责采购或供应的部门需运用系统提供的供应商评价机制，对合作商的价格水平、产品质量、交付效率及服务水平等要素进行实时且量化的评估。

4. 供应商年审

每年，采购或供应部门应对交易过的供应商进行全面评审，包括其整体能力、供货记录及潜在的供应风险，并将评审结果提交给有权限的决策者审批。对于未能通过年度评审的供应商，应在供应商管理系统中终止合作关系，并确保此变动在企业的电子商务平台上更新。

5. 供应商的选择

采购或供应部门只能从公司认可的供应商名录中选取合作伙伴,并严格依据供应商授权的产品清单执行购买活动。若涉及技术协议的签订,要由该部门主导技术沟通和技术磋商,同时,技术文档需经用户或相关技术责任部门审核并签名确认。在确立框架协议和关键采购合同之前,务必对供应商进行风险评估,高风险供应商需接受实地考察。未通过现场考察的供应商,不应与其达成框架协议或合同的签订。

(五)物资采购价格确定与发布

1. 采购价格确定

采购部门,无论是物料购置还是供给管理,均需运用招标程序、联合协商、询价对比、动态竞标等多元手法,以确保采购成本总体最低且性价比最高。通常,框架协议的签订会通过招标来敲定供应商和价格。然而,若不具备招标条件,则需对物料成本进行详尽分析,并预测价格,随后通过联合协商来选择供应商和定价。

2. 采购框架协议执行价格发布

在应对市场变动时,采购框架协议的执行价格应及时由物资采购或供应部门公布。在执行这些协议的过程中,各部门必须严格遵守既定的范围限制,如有特殊情况超出此范围,须事先获得公司分管领导的批准。

(六)物资采购

1. 框架协议和采购合同的拟定

采购部门,无论是物资采购还是供应部门,均需基于选定的供应商和定价等要素,起草框架合作协议及采购合同,确保合同条款的精确表述,清晰界定各方的权利、职责,以及违反合约的后果。为防止不正当行为,减小采购风险,采用框架合同进行采购的同类物资,原则上须与不少于两家供应商签订合同;如无法维持两家以上供应商,相关部门需提交书面报告公开说明,并经上级管理层批准。对于那些已了解价格成本结构，具备良好风险管理与市场预测能力，且供应商在价格、品质、交付和服务上均能满足要求的物资，可以考虑签署长期合作协议。

2. 框架协议和采购合同的签订

物资采购部门需严格遵循既定程序，所有采购活动的启动和执行均需通过正式的采购请求、比价单或已签订的框架协议。在电子交易平台中，特定的权限被赋予了创建框架协议和采购订单的操作员，而审批这些文件的责任由另一批授权人员承担，以确保职责分离。

（1）所有框架协议和订单生成必须基于预先获得批准的采购请求或比价结果，且在系统内执行。系统的权限设计明确了创建者只负责生成，审批则由专门的管理人员负责，避免交叉操作。

（2）企业内部的采购审批流程应在系统中进行标准化设置，确保至少有一级的审批步骤，也确保了决策过程的透明性和有效性。

（3）通常情况下，已审批的采购订单不可随意修改或删除，特殊情况下的变更需经过物资供应部门高级主管的批准，并由授权的订单管理员执行调整。

（4）对于非寄售类采购，必须遵循一定的规则，即在系统中创建订单时，需参照采购申请、比价单或框架协议。直接创建的情况，务必先通过线下审批程序。

（5）对于采购合同过期但尚未完成的订单，系统应及时标记为"完全交货"，确保跟踪和管理的准确性。

（6）在每月财务结算之前，专门的订单清理人员会检查系统中的待处理订单，对那些既未完成又无执行需求的订单进行审慎清理，以保持系统的整洁和效率。

3. 框架协议项下订单的审批

在物资获取流程中，采购部门主要负责监控采购任务的动态执行，对于那些已过期但仍未履行且不再继续的订单，采购部门应迅速进行注销并实施有序的清理程序。采购部门需确保根据企业的内部规定，对系统中的交货误差容限进行适时更新和维护。

4. 采购变更备案与管理

当企业主体信息、供应商详情或相关人员有所变更时，采购部门和供应商务必在任何经济交易开始前，互相提供或索取最新的授权文件和变更通知，确保所有变更信息能够得到及时书面通告给相关部门，以维持信息的准确无误。

5. 特殊情况处理办法

在特殊情况需要延长框架协议的情况下，必须在原协议截止日期之前设定的特定时间内，按照预先设定的评估标准进行重新审查，经企业高层领导正式批准后方可进行。续签期限不能超越原协议的时间框架。

（七）采购过程控制

1. 物资储备管理

为了确保存货的有效管理，企业应详尽规划各项操作规程，涵盖存货的收货检验、仓储维护、领用程序、年度盘点、周期性处理、精确计量、绩效评估等关键环节。

2. 采购进度控制

物资采购或供应团队需严格履行采购合同，实时监控执行动态，创建合同跟踪记录，定期分析合同执行数据。一旦发现可能影响生产或工程进度的异常，相关人员将形成书面报告并提出应对策略。

3. 采购质量控制

对于重要物资，采购或供应部门会实施全面的合同履行监督机制，包括定期巡检和专业监造。他们会协同技术部门审定监造计划，选择优质监造机构，签订合同并指定专人负责监造。监造过程的结果会立即通报相关部门。

4. 采购物流控制

根据生产建设的需求和物资特性，物资采购部门会精心策划运输策略，并及时安排运输和保险事宜，以确保物资顺利到达。

5. 物资入库检验

物资采购部门需设定严格的必检物资清单，所有此类物资在入库前，需组织质量检验，质量部门将对物资质量做出判断并出具检验报告。在物资入库前，还必须核查质量证明文件，以确保其合规性。

6. 直达现场物资的验收交接

现场到货的物资，需由需求单位、采购或供应部门等相关人员共同验收，对必检物资严格执行检验程序，完成交接并签字确认。

7. 不合格物资处理

企业必须明确不合格物资的处理流程，采购或供应部门需依据规则处理退换货、索赔事宜。仓储部门在收到经授权的退货申请后，会在系统中执行供应商退货操作。

8. 索赔

遇到质量问题或延误交货，采购或供应部门将依据合同条款向供应商提出索赔要求。

9. 质量反馈

企业要建立完善的货物使用质量反馈体系，确保采购和质量反馈职责分离，同时，质量反馈信息将成为供应商评估的关键参考依据。

（八）采购付款

1. 采购资金支付

资金支付流程需遵循职务分离原则，采购人员需根据合同、调拨单、入库单及发票等文件编制付款请求，经过相应权限的审批后提交财务部门。财务部门要按照规程执行付款手续。

（1）系统中，发票验证操作仅限于财务部门的专业校验人员，遵循不相容职务原则，他们不应该同时负责收货的财务记录。

（2）同样，财务部门的付款处理人员拥有系统中付款事务的权限，但不可同时处理付款申请，以确保职责分明。

（3）系统设置需精确匹配入库状态和会计处理，自动处理库存增加和暂估采购的成本入账。

（4）系统会智能调整采购订单与发票之间的物料成本和价格差异，准确反映在采购差异科目中。

（5）财务人员需对采购订单、入库单和供应商发票进行严格的一致性核查，确保合规并实时在系统中完成发票过账，生成应付账款明细。付款账务处理则依赖于已审批的申请和相关文档，且需经过不同岗位人员的复核。

（6）对于未经采购单批准的物资采购，必须获得额外的审批权限。系统内进行此类操作的财务处理权限，仅限于获得特定授权的财务部门人员行使。

2. 质保金支付

当物资的质保期结束后，采购或供应部门需根据使用部门及质量控制部门的反馈，发起质保金支付的正式申请。财务部门根据合同条款及细致的审核意见，按照既定的权限流程进行审批，然后按照规定的程序进行支付。这些部门也正积极探索运用质量保证衍生工具，以改革传统的质保金制度。

3. 采购往来款的核对

财务部门肩负着月度与采购或供应部门的财务对账职责，他们共同与供应商定期核实未结款项，一旦发现数据不符，就立即深入调查原因并实施修正，对于重大问题，他们将上报给上级管理层。

4. 预付账款和定金的管理

针对大额或周期较长的预付款项或订金，采购或供应部门和财务部门会执行季度性的追踪审计，全面评估预付款的时效性、占用资金的合理性及潜在的回收风险。如遇到任何疑点预付款，他们会迅速采取措施，以确保企业的经济权益不受损害。

（九）采购绩效管理

1. 物资采购的专项分析

企业内部的供应链管理部门需周期性地对物资采购流程的各个关键环节进行深入剖析，涵盖规划策略、采购途径、成本效益分析、产品质量保障、合同执行效率等多个维度，做出详尽的分析报告，以优化运营效率。

2. 考核

企业绩效管理框架内，物资需求计划、供应商协作机制、库存管理、资金流转效率及新兴的滞销物资处理等环节被视为核心绩效指标，被整合至各级领导的经济责任评估体系，以实现激励与约束并举。当因预测失误而引发库存过剩时，责任主要归咎于提出需求与审批需求的相关部门；若设计缺陷或调整导致库存积压，则由设计团队承担相应责任；至于未按计划执行或超出预算的采购活动所导致的库存积压，采购或供应链管理部门需负起责任。

3. 物资采购业务公开

物资采购部门严格遵循透明度原则，所有采购活动，如需求提交、供应商甄选、供应商评估、定价决策及单一来源采购等，均需公开透明，推动阳光采购，以此消除潜在的欺诈风险，降低潜在的法律或商业风险。

第四节　企业存货业务控制

一、存货业务简述

（一）存货的含义

存货代表着企业在日常运营中持有待售、正在制造，或用于生产的物料和资源。它涵盖了多种类型，如各类原料、在制品、半成品、制成品、库存商品，以及包装材料、低值易耗品和受托加工物资。存货的特点是价值比例大、种类多样、数量繁多，且其估价方式灵活，对企业的净利润产生很大的影响。

通常，企业的存货可划分为以下三类有形资产：一是存储待售的库存，即在正常业务流程中等待销售的各类物品，如制造业的库存成品和商贸业的库存商品；二是正在制造以供最终销售的存货，这包括那些正处于加工阶段，意图最终推向市场的物品，如制造业的在制品、自制品和委托外加工的物资；三是为制造商品或提供服务而储备的消耗性存货，这些都是企业为了生产产品或提供劳务而储备的各种原材料、燃料、包装材料和低值易耗品。

（二）存货业务的主要内容

1. 存货的范围

存货主要涵盖日常运营中的库内存储、加工处理、运输途中的各类原料、商品、未完成品、半成品、制成品，以及包装物料、低值易耗品等。不同行业企业的存货范畴有所差异。在零售型企业中，存货通常由各种类型的商品组成；而在制造企业里，它涉及的是各种原材料、包装材料、低值易耗品，以及从在制品到自产半成品直至最终成品的全系列。

2. 存货的确认

确认存货时，不仅要识别物品或服务是否具备存货特性，还需明确其是否归属企业所有。所有权通常是判定依据，凡归属企业的，无论实物是否已接收或持有，都视为企业存货；相反，若无所有权，即便存于企业场地，也不能计入企业存货。比如，工业企业的完工产品，不仅涵盖使用自备原料生产的产品，也包括客户提供的原材料加工完成的代工产品和为客户修复完成的待售商品；不仅仅限于库存的产成品，还包括展示厅待售的、委托他处代销的、存放在外部仓库的、展出中的，以及已发尚未收款的商品。然而，已售出但客户未提取仍存于企业仓库的产成品，由于所有权已转移，不应计入企业存货。再如，企业支付款项但尚在运输途中的或已到货未入库的存货，应视为企业存货的一部分；但预先支付部分货款或定金的情况，这些货物不应计入企业存货。

3. 存货初始成本的计量

企业的存货记录通常基于实际成本，而实际成本的计算方法根据其来源有所不同，遵循以下规则。

（1）外购存货的成本核算包括购买价格、运输费用、装卸费、保险费、包装费、仓储维护等，还包括运输途中合理的损失及入库前的质量检查费用，以及符合规定的纳入成本的税收和其他相关支出。

（2）对于企业内部生产的存货，比如，原材料、包装材料、低值消耗品、半成品和成品，其成本主要涵盖原材料成本、制造费用，可能还包括在制品和产成品的生产成本。

（3）对外委托加工的存货，如加工后的原料、包装、低值易耗品等，实际成本包含用于加工的原材料或半成品成本，加工服务费，以及运输、装卸、保险等额外费用，并且需考虑相应的税收成本。

（4）投资者投入的存货，其实际成本是投资者之间协商并确认的价值。

（5）接收捐赠的存货，如果捐赠方提供了发票、报关单或协议等凭据，成本则按这些文件确认；若无凭证，则可根据市场同类或类似物品的价格估算，再加上海关税费或评估其未来现金流入的现值。

（6）通过债务人以非现金资产抵债获得的存货，实际成本等于应收账款账面价值扣除可抵扣的增值税后，还需加上支付的相关税费。

（7）在非货币性交易中换取的存货，实际成本计算是换出资产的账面价值加上交易中产生的税费。

（8）对于偶然发现的存货增加，其实际成本按照市场上同等或相似商品的当前价格来确定。

4. 存货领用、发出成本的计量

企业在处理各类库存的日常进出时，需依据相应的进出凭证，在详细记录数量与金额的明细账中逐一记录。库存管理的核算方法主要有两种：一是实际成本法；二是计划成本法。

（1）实际成本法。这种方法通常适用于小型企业，其库存种类简单且采购活动不频繁。为了计算领用或发出库存的价值，企业需要选择合适的计量标准，精确计算这些库存的价值，以确保生产成本和销售成本的真实反映，进一步准确评估企业的净收益。在采用实际成本法核算时，企业可依据具体情境选用先进先出法、加权平均法、移动平均法、个别计价法或后进先出法等来确定库存的实际成本。

（2）计划成本法。这种方法常见于库存种类多样且收发货频繁的大型或中型企业，例如，各类原材料和低值易耗品。对于产品种类复杂、需要分别计算计划成本和成本差异的自制半成品和产成品企业，采用计划成本法前，需先设定各类原材料的计划成本表，且计划成本通常在一年内保持不变。在日常操作中，企业应按计划成本进行核算，月底需对成本差异进行分配。

企业在选择库存核算方法时，可依据自身运营情况灵活决定，但需保持一致性。一旦确定了实际成本法下发出库存的成本计算方式，或是计划成本法下成本差异的分配方式，一般不宜随意更改。

5. 存货期末计价

期末存货评估是企业在年度财务报告中确定存货价值的关键环节，通常涉及三种主要定价策略：实际成本法、现行市价法，以及成本与市价比较法。

（1）实际成本法，基于存货购置或生产时的成本记录，简洁明了，确保了会计信息的精确度。然而，其缺陷是当市场行情下滑时，可能会导致资产账面价值虚高，不能体现谨慎的会计原则。

（2）现行市价法，倾向于以期末存货的市场估价来反映其真实价值，有助于提升会计信息的相关性。然而，频繁获取市场价数据的工作繁重，实际操作起来可能较为复杂。此外，如果市场价格上升，可能导致利润计算偏差。

（3）成本与市价比较法，即在期末根据存货成本与市场价值的对比，选择较低者作为计价基础。当成本低于市价，以成本为准；反之，按市价计价。

企业需要在年末进行全面的存货盘点，若发现因损坏、过时或销售价值低于成本导致存货价值超过其可变现价值，需对这部分存货计提跌价准备，调整至可变现净值以下的数额。

6. 存货的盘点和盘盈、盘亏及毁损的处理

企业必须遵循既定程序，定期对库存资产进行详尽核查，确保每年至少执行一次此类审计。若盘点结果与账目记录出现偏差，务必在财年结束前彻底调查并找出原因。根据公司的决策层级，可能需要经过股东大会、董事会决议，或者由高级管理层会议审议，然后在年度结算前解决相关事项。

关于库存资产的盈亏与损失，通常采取如下会计处理措施：对于意外发现的盈余库存，应将其效益冲减至当期的运营成本；对于丢失或损坏的库存，除非得到责任人赔偿或残值回收，否则其损失部分应纳入当期管理费用，如果是非正常损失，就计入非经常性支出项目。

在财年结束前，若盘盈或盘亏的库存还未得到最终审批，企业在对外公布财务报告时，需暂按上述规则处理，并在附注中详细阐述情况。如果后续的审批决定与先前的处理有所出入，需相应调整年初报表相关项目的数值。

（三）企业存货业务流程走向

企业存货业务流程走向如下所示：

岗位职责分离→存货预算编制→存货验收入库→存货仓储管理→存货领用与出库→存货盘点→存货处置→存货计量与核算→代保管存货管理。

（四）企业存货业务控制目标

针对存货操作的独特性质及其在企业管理中的重要性，存货管控应实现以下目标。

（1）强化对存货的全面监管，确保其数量精确无误且品质达标。

（2）提升存货周转效率，以恰当地评估存货价值，并迅速识别及纠正可能出现的错误和欺诈行为。

（3）规范存货处理流程，防止公司资产损失。

（4）真实反映资产的实际价值，合理分配成本或计提折旧，以维持会计记录的准确性、完整性和真实性。

（5）设定适当的库存水平，降低资金占用，避免存货过剩或闲置导致的资源浪费。

（6）构建健全的组织结构，清晰划分决策、执行和监督的职责权限，建立有效的职责分工和制衡机制，以便有力地抵御各种欺诈风险。

二、企业存货业务应关注的主要风险点

（一）主要风险点

（1）如果缺乏有效的存货预算计划，或者预算制定过程中出现误差，可能会引起存货不足或库存过度的问题。

（2）在存货的接收和发出过程中，若规程模糊、标准不清晰、手续不完整或未经适当批准，可能会产生数量上的缺失、质量问题，甚至导致货物遗失，对企业的信誉和经济效益构成威胁。

（3）当仓储管理制度存在缺陷，执行力度不足时，可能会导致存货盘点和处理工作只停留在表面，进而为存货的不正当行为创造了条件。

（二）风险的具体表现

企业存货管理中潜在的关键风险点主要体现在以下十一个方面。

（1）组织结构与职责划分问题。内部机构设计不合理，存货管理部门职责混淆不清，缺乏明确的不相容职务分离机制，岗位要求不严谨，这可能导致运营效率低下。

（2）质量与流程控制风险。质量控制体系执行不到位，未能严格遵循质量标准，涉及原材料采购、生产、存储和交付等环节，可能导致产品质量不合格，损害企业声誉或引发法律纠纷。业务流程处理疏忽或延误，如合同履行、信用审批、定价策略、账目核对等环节的错误，将直接影响财务报告的准确性。

（3）需求预测与采购规划风险。存货需求计划制订不合理，过于依赖主观估计，可能造成库存积压或短缺，增加仓储成本。

（4）采购与验收管理漏洞。在采购过程中，对合同执行、物流监控等环节的监督不足，可能导致采购物资损失或供应不稳定。验收阶段，入库程序不规范，可能会导致实物与账面信息不符，引发资产账实不符的问题。

（5）实物储存、领用及盘点问题。仓储管理存在疏漏，监管不到位，可能导致存货损坏、丢失、价值贬损，资源浪费，甚至滋生舞弊行为，严重损害企业利益。领用过程中，对原材料、半成品和成品的发放审核不严，可能导致错误分配或流失。盘点管理不善，不能及时发现并处理账实差异、积压或过期存货，增加了资产损失的风险。

（6）信息系统风险。

①权限控制机制的隐患。如果信息系统中的权限分配不足或者失控，可能会允许未授权或不合适的访问，对系统和数据安全构成威胁。

②信息系统的执行风险。当信息系统项目执行出现偏差，可能导致项目目标无法达成，进而干扰日常的生产和经营活动。

③信息技术项目运用与维护的风险。不恰当的信息化项目运营和维护可能导致资源的无效消耗，系统功能未能充分施展，从而影响正常的生产和经营。

（7）保险风险管理问题。存货保险策略的失误，可能会造成重要库存未受保障，或在损失发生时索赔困难，从而对企业的经济利益产生负面影响。

（8）存货核算风险。

①资产核算的隐患。资产记录与实际不符，可能导致资产的夸大或缩小，存在未记录的资产，资产估值方式的变动缺乏适当批准，折旧和摊销的计算随意或出现错误，资产的确认时间提前、延迟或完全忽视，以及会计记录的不匹配，这些都可能导致财务信息质量下降，财务报表失去公正性。

②成本与费用核算的风险。任意调整费用和成本的确认标准、计量方式或分配原则，虚构、超额记录、遗漏或不足额记录费用和成本，将导致财务信息质量下降，财务报告的公正性受损。

（9）关键业务会计操作隐患。企业在进行如债务重组、非标准交易、市场价值评估、企业合并、风险保障措施、潜在事项揭示、资产价值重估、财务损失确认，以及金融衍生工具交易等重大事项时，会计处理方法不当可能会严重扭曲财务报表的真实反映。

（10）财务报告解读误区。对财务数据和信息的分析不足或者分析方法有误，往往导致财务报告的精准度下降，从而影响管理层的战略决策制定。

（11）资产运营风险暴露。在资产管理过程中，责任界定不清或执行不力，可能导致资产安全受到威胁。资产运用不当、保管疏忽，直接引发资产损坏、效率低下的问题，产品质量问题频发，资源浪费严重，甚至可能触发生产事故或停工危机。

三、企业存货业务主要控制点要求

（一）岗位职责分离

在企业的组织结构设计中，确保权力分配与职责划分遵循了基本原则，即职务间的独立性和互斥性原则。涉及存货管理的关键职务应明确分离，以防潜在的利益冲突。这些职务可能包括：采购需求的提出与审批环节的独立；验收与付款过程的分离；实物库存的保管与财务记录的职责分离；领用申请的审批与会计记录的独立操作；存货处置流程中的申请权限与会计记录的分置。这样的设置旨在强化内部控制，提升运营效率和透明度。

（二）存货预算编制

企业需依据全方位预算制度，并且考虑自身业务特性，来制定存货的年度、季度及月度购买、生产及存储预算或规划。这些预算或计划需对照执行的预算和实际情况进行定期评估和审查。只有在经过相应权限的审批后，存货采购及库存管理等预算或计划才能正式生效。

（三）存货验收入库

1. 进库存货的验收

在企业仓储部门，对到货清单、产品配送清单和退料清单要进行严格核对，确保实物与清单信息无误后，方可进行入库手续办理。

2. 存货的质量检验

库存管理和质检部门依据业务需求，对存货的质量和技术规格进行专业检验，具体情况需遵循企业针对各类存货的特定验收标准。

3. 直接运抵现场存货的验收

购置、质检、仓储及使用部门的关键人员需亲临现场，完成交接程序并签字确认，确保过程透明。

4. 外购及自制存货的验收

外购商品验收时，验收团队会重点核查合同、发票等文件与实物的一致性，技术复杂的货物可能还需第三方专业机构或外部专家参与。自制产品要着重检查产品质量，合格品才可入库，不合格品需追溯问题并明确责任。

5. 抵债偿还实物存货的验收

对于通过抵债获得的实物资产，相关责任部门需验证其来源、品质和价值是否符合合同或协议，按常规验收流程执行。

6. 存货验收中的信息系统控制

收货操作需经过审批，系统内应设置采购订单的交货容差范围，严格控制无限制接收。仓储负责人需定期审阅人工调整的出入库记录，并确保采购订单、入库单与供应商发票的相符性，执行日常监控任务。

7. 建立存货收发动态管理台账

仓储部门设有详细的实物明细账簿，员工根据入库单记载存货的详细信息，如类别、编号、名称、规格等，确保连续编号。对于代管、代销或暂存的存货，单独记录，防止混淆。临时仓库需设立简明的库存进出台账，记录包括存货名称、规格、收发数量和领用人签名，坚决避免以领代耗。每月，仓储主管需对明细账簿进行审核，确保库存记录的准确性和时效性。

（四）存货仓储管理

1. 建立存货仓储保管工作规程

企业需制定仓储和供应管理规则，经有权审批的人员批准后实施。

2. 仓储安全检查

按照既定的仓储规定，各级仓库管理员需分类储存物品，确保符合存储物资所需的环境条件，同时完善防火、防洪、防盗、防潮、防虫害和防变质等的措施。生产现场的物料、周转材料和半成品应得到有效管理，以防损耗、盗窃或遗失。仓储部门主管每月至少进行一次检查，记录检查结果，及时消除潜在风险。

3. 存货损失责任追究

如因违规操作导致库存损失，将追究相关人员的责任。经过企业负责人的批准，根据损失程度和事故严重程度进行相应的处罚。

4. 仓储接触权限

非库存管理、监督和仓库工作人员访问库存时，须获得其部门主管许可，并得到仓储部门同意。

5. 重要存货目录与合理库存、安全库存的拟定

企业应明确重要库存清单，并结合年度业务计划、财务预算和市场状况，设定适当的库存量和安全库存，经企业相关领导批准后执行，以确保适时适量地采购，维持库存的最佳状态。物料凭证冲销需按照规定的权限审批。

6. 存货使用及结存情况汇报

仓储部门每月需编制库存使用和结余报告，向管理层和其他相关部门通报补货需求。

7. 存货状态分析

仓储部门每六个月进行一次库存状态评估，对异常情况发出警告。供应链、生产、销售、财务等部门协同研究库存策略，经企业高层或首席财务官批准后执行。

8. 对存货进行财产保险

对投保的企业资产，通过招标等方法选定保险公司，遵循企业统一的财产保险规定。未涵盖的库存，由仓储和财务部门协商，制定库存保险方案，经首席财务官或企业高层批准后方可执行。

9. 存货的日清月（日）结

仓储部门每日结算库存收发，每月汇总后由部门负责人审核确认。

10. 仓储对账

仓储部门依据生产、销售统计部门提供的信息每月核对库存量，发现统计

差异时需分析原因。同时，仓储部门需每月与财务部门核对库存账目，及时处理差异。

（五）存货领用与出库

1. 建立存货限额领用制度

企业需构建严格的存货管控体系，通过设定限额并由具备相应职责的人员进行严格审核和批准后方可实施。

2. 存货领用

使用部门在获得批准的需求计划后，需向供应部门申请领料或出库，仓储部门依据这些单据进行货物发放。领料或出库单需经领用者和仓储保管员双重确认，并指定专人妥善保管。若超过限额，需按权限流程再次审批后操作。

3. 建立存货发出流程和制度

设立明确的存货发放程序和规则，确保每一环节都经过相应权限人员的审批后再执行。

4. 存货发出的授权

在货物发放前，仓储部门需得到相关部门的明确授权，特别是对于大宗、昂贵或危险品，必须经过层层审批后才可放行。

5. 发货记录的核对与追溯

定期对仓储部门的发货记录进行跨部门核对，尤其关注高风险物资，如放射性、剧毒或易爆物品的全程管理。为此，应建立专门的高危品登记簿，并确保有追溯机制。发放责任人须核实所有相关单据，确保与实物信息一致。

6. 液态存货发出的审核

对于销售的液态产品，企业需遵循法规程序后，由相关部门协调运输方式，可能是自取或配送，并借助专业计量设备（如流量计）准确计量。在供应商或接收方确认、营销部门复核后，由财务部门对相关业务文件进行最终核查，完成付款结算流程。

（六）存货盘点

1. 存货分类盘点

企业的仓储管理团队每月对各类库存实施详细的分类盘点，并通过双签名确认盘点结果，随后与财务部门的账目记录进行对比，形成详细的书面报告流程。

2. 存货分类盘点差异的分析

在出现盘点不符时，仓储部门需与采购、生产、销售和财务等部门密切协作，经过各自负责人的深入审查和签字确认后，再提交给总会计师进行最终审批，以便确定问题的原因和解决方案。

3. 存货全面盘点

根据业务需求，企业会定期进行库存全面清查，确保每年至少有一次全面盘点，尤其在年终时，会专门针对残次品和滞销商品进行专项报告。这次重要的盘点工作由财务部门主导，仓储部门和使用部门共同参与，实施严格的实物、账簿和财务报表比对，并且引入不相关的部门或人员进行监督、审核和签字确认。

4. 存货全面盘点差异的分析

在全面盘点过程中，一旦发现账实不符，相关部门需立即展开深入调查，提出处理建议，经总会计师审核后呈交至企业决策层审批。对于相关人员的责任，将依据调查结果进行相应的处理。年度盘点结果作为关键信息，需向企业管理高层全面汇报。盘点差异经过采购、供应等相关部门负责人复核签字后，由仓储部门的保管人员在系统中录入并进行与实物盘点表的核对，确认无误后，他们还需亲自签字确认。

（七）存货处置

1. 企业权限范围内的盘盈、盘亏、毁损、报废存货的处置申请与审批

企业应对盘点中揭示的盈余、短缺、损坏库存，以及技术鉴定后需报废的物品，探究根本原因，明确并追究相关责任。在获得相应的授权后，依据规章制度进行处理。

2. 超过企业权限的盘盈、盘亏、毁损、报废存货的处置申请与审批

若超出企业自身处理权限，对于盈亏、损坏、报废库存的处理申请，需递交给有权限的个人进行审核确认，随后上报至上级主管部门，再依规审批执行。

3. 超过企业权限的盘盈、盘亏、毁损、报废存货的财务核销申请与审批

经主管部门同意报废或转让的库存，企业在彻底清理后，需将处置详情及财务注销请求送交有相应权限的人员审批，随后报告给管理层，管理层会依规给予答复。企业据此答复进行财务注销操作。

4. 闲置存货的分析

针对无使用计划的闲置库存，企业组建由仓储、供应、生产、销售、财务、设备、工程等部门共同参与的小组，审核后分析其闲置成因，提出处置方案及预防措施，并向企业高层报告。

5. 闲置存货处理的申请与审批

处置闲置库存时，如采用拍卖、租赁、转移、出售、投资等方法，相关部门应提交相关申请，经规定权限的审批后实施。存货转让时，一次性转让的总净值视作单个资产净值。企业以库存作为投资的行为，参照存货转让处理。

6. 闲置存货的评估

在得到审批许可后，企业需遵循资产评估流程进行库存评估。由协作小组基于市场状况或评估结果，设定闲置库存的基本价格。

（八）存货计量与核算

1. 存货计价方法的选定

企业必须遵循会计准则，严谨设定存货的价值衡量手段，准确记录每项存货的成本。存货的会计操作必须遵循国家的财务规范，企业应依据存货特性及内部仓储管理策略，合理选择计价策略，以避免不合理地操控收益。计价规则一旦设定，未经相关授权人员的严格审核，不得擅自更改。

2. 在途存货的计量

对于途中的存货，企业在每月末需依据业务部门提供的详细运输清单和相

应的发票、付款凭据，进行初步的账面记录。财务部门主管需严格核查这些原始资料，而记账流程需由不同职责岗位的人员进行双重核验，确保其准确性。

3. 存货减值测试

当存货显示可能的减值迹象时，财务部门需发起专业评估，并编制详细的减值测试报告。如果需要计提资产减值准备，财务部门需整理相关申请文件和测试报告，经过适当的层级审批，包括向管理层提交审批请求。一旦得到批准，企业应立即按照规定的程序调整财务记录。

（九）代保管存货管理

代保管业务应严格遵循订立的保管协议，详尽记录接收的保管物品数量，以保证库存的所有权和数量精确无误。在执行发货时，需根据已验证的提取单据在系统内完成会计操作。

企业存货管理团队需每六个月全面评估其所管辖的存货状况，并向高级管理层提交报告。此外，企业需设立自身的存货评价标准，并依照内部考核机制，定期对各部门或个人进行绩效评估。

第五节　企业成本费用业务控制

一、成本费用业务简述

（一）成本费用的含义

通常来说，成本费用涵盖企业在运营过程中产生的各类资金支出。这些费用源于企业销售商品、提供服务等常规业务活动，表现为在特定会计期间，为获取收入所消耗的资金总额。成本可视为具体化的费用，即投入产品制造的原材料、劳动力和各项费用的总和。

成本费用的产生源于资产的消耗。所以，企业应构建成本管控体系，增强预算控制，并推行质量导向的成本管理策略，实施成本定额、全面管理和全链条监控。费用管理应遵循归口、分层原则，并通过预算来把控，同时需设立合理的费用支出范围、标准及报销审批流程。

正确计量和管控成本费用对企业至关重要，它不仅为准确评估利润和经营业绩奠定基础，还关乎资产的公正估值。成本费用还反映了企业在特定时段的消耗，直接影响经济效益，并且也是企业资产价值补偿的关键，确保其可持续运营。长远看来，企业通过加强成本费用控制，有效降低成本，既是获取竞争优势的重要途径，也是企业管理的核心任务。

（二）成本费用业务的主要内容

企业的支出核心是成本费用的整合。依据我国的《企业会计准则》，企业需严格遵循相关规定，以合同为基础，确保成本费用的核算标准化。在财务管理和核算的视角，成本费用从会计核算来看主要内容如下。

1. 成本核算的相关要求

成本与收入互为表里，通常成本的产生伴随着收入的获取。产品或服务收入的计算对正确汇整和核算成本项目具有直接影响。《企业会计准则第14号——收入》规定，收入的确认源于合同，突显了合同的法律效力，因此在成本费用的会计管控中，合同关联性日益凸显。此外，该准则首次对合同成本的会计处理提供了明确指导。

2. 成本费用核算的主要内容

财务成本的分类涵盖了多个关键领域，以确保企业运营的有效管理和透明度。

（1）生产成本涵盖生产过程中的直接投入，包括直接材料成本、能源消耗、直接劳动力费用，以及用于制造过程的间接费用。

（2）工程施工成本重点关注施工企业的项目成本，包括现场材料采购、人力成本、设备使用、直接管理费用，以及与工程相关的其他支出。

（3）制造费用侧重于生产部门的日常运营成本，如管理人员薪酬、员工福利、设施折旧、租赁费用、日常运营物资消耗、设施维护、行政管理开支等。

（4）销售费用涉及商品销售全链条，包括销售活动产生的费用，以及专门设立的销售网络和服务点的运行成本，包括进货成本在内的所有与销售相关的费用。

（5）管理费用是企业内部运营管理的重要组成部分，涵盖初创阶段的筹备费用，以及日常行政、人事、办公、旅行、培训、咨询等众多方面的支出。

（6）财务费用聚焦于资金筹集，记录企业因借款、利息支付、银行业务手续费、汇率变动导致的收益或损失，以及可能存在的现金折扣等金融交易成本。

这些细分的科目确保了企业对成本的精准追踪和控制，从而支持决策制定和财务管理。

（三）企业成本费用业务流程走向

企业成本费用业务流程走向如下所示：

成本费用支出部门和单位内部职责→建立健全成本费用控制制度→成本费用计划（预算）的落实→维护成本费用信息系统主数据→物料耗费及生产→成本费用归集与控制→成本费用归集与分配→成本费用统计、分析与考核。

（四）企业成本费用业务控制目标

为实现对成本费用的有效管控，策略应聚焦于以下五个关键点。

（1）重构组织框架，明确各部门在决策、执行及监督中的权责，构建一个既分工明确又相互制约的体系，以抵御潜在的欺诈行为。

（2）强化全面预算管理体系，确保其与企业总体目标紧密结合，驱动企业的战略发展，并充分发挥预算在管理过程中的导向作用。

（3）通过精细的生产计划与流程优化，高效利用企业资源，确保每一笔成本和费用支出的合理性与效益性。

（4）通过技术创新和运营管理升级，提升生产效率和技术经济效益，从而降低成本并追求长期利益的最大化。

（5）严格执行会计准则，精确记录和分配成本、销售收入及应收账款，确保财务报告的真实、准确和完整性，并且保证账务处理的时效性和应收账款的及时回收。

二、企业成本费用业务应关注的主要风险点

（一）主要风险点

（1）成本与费用预算的规划缺乏合理性，审核流程可能存在疏漏或标准不严谨，这会削弱成本管控的效能。

（2）人为操纵的行为可能导致成本和费用的支出数据失真，或是统计资料不准确，由此产生的成本费用会计信息会有偏差。

（3）在成本和费用的汇集、分摊和计提过程中，如果方法不当或未遵循相关规定，可能会使财务报告无法准确体现生产成本的实际情况。

（4）不合理的成本费用支出可能导致资源的滥用和损耗，从而对企业的经营效率产生负面影响。若支出违反国家和行业的相关法规，企业可能会面临法律制裁。

（二）风险的具体表现

在企业运营中，成本费用管理的关键风险领域具体表现在以下十个方面。

（1）组织结构与岗位配置漏洞。企业的机构设置与岗位设计缺乏严谨性，职责划分不清，未能实施有效的不兼容职务分离原则，并且对于核心岗位缺乏必要的约束措施，可能导致组织冗余或职能空白，岗位职责含糊不清，从而阻碍成本费用管理的顺畅运行。

（2）成本费用管理风险。

①成本与预算管理风险。成本预算的规划、分配、执行与调整过程中的失误，会扰乱企业的正常运营流程。

②生产流程优化风险。如果生产流程设计或优化未能满足实际生产需求，可能导致生产效能受限。

③采购策略风险。在需求预测、采购计划编制、审批及执行过程中出现违规，或计划不精确、不合理，会导致库存供需失衡，进而妨碍生产进度或造成资源浪费。

④业务流程效率风险。各业务环节处理的疏忽或响应迟缓，如合同履行、

信用审核、价格策略执行、账务核对、库存操作、资产盘点及文件管理等环节出错，直接影响财务报告的准确性。

⑤产品组合管理风险。产品结构设计不合理，或者未能适时适应市场变化和技术创新，将削弱企业竞争优势，导致客户流失和收入下滑。

（3）信息系统风险。

①权限控制机制的隐患。如果信息系统中的权限分配不足或者过于宽松，可能会引发未授权的系统和数据访问，或是不适宜的访问行为。

②信息化项目运作与维护的风险。当信息化项目的运营和维护出现问题，如未能有效利用系统功能，可能导致资源的无效消耗，进而干扰正常的业务运营。

③信息获取的风险。信息采集的延迟或过高的采集成本，可能违背经济效益原则，对企业经营决策和应变能力产生不利影响。

（4）质量管理疏漏。未能严格遵循全面的质量管理体系，包括对原材料采购、生产流程、仓储保管，以及最终交付环节的把控不足，这可能导致产品质量问题频发，损害企业信誉，甚至面临法律纠纷的风险。

（5）定价策略失误。企业的定价策略与战略目标脱节，定价决策过程缺乏充分的审议和监督，价格指令执行不力，未遵守国家价格法规，甚至滋生了内部违规行为，这将使企业面临监管制裁，阻碍盈利目标的达成，并对品牌形象造成负面影响。

（6）生产统计数据失准。生产统计方法和操作存在偏差，导致统计数据的准确性降低，进而影响数据分析的效率，以及基于这些数据的业务决策效能。

（7）成本费用管理风险。

①运营成本风险。若对成本与费用的支出管控不足，审核流程松散，可能导致资源滥用、资金流失及预算管理失效，从而对企业盈利状况产生负面影响。

②财务成本风险。未能准确地汇总、分配、分摊和结转成本与费用，可能会使财务报表失真，催生不正当行为，如虚构成本、伪造报销，进而损害企业经济利益。

③合法合规性成本风险。成本与费用支出违反国家法规或企业内部规定，可能对企业利益产生损害。

④成本核算风险。擅自变更费用与成本的确认标准、计量准则或分摊原则，可能出现虚报、夸大、漏报或少报费用和成本的现象，将降低财务信息质量，使财务报告的公正性受损，并可能招致监管机构的处罚。

（8）资产管理隐患。资产账目与实际存在状况不符，可能导致资产虚增或低估，未公开的资产管理问题，以及未经恰当审批的资产定价调整、不规范的折旧政策或错误的资产确认。这些会计误差会导致财务信息失真，影响公正性。

（9）财务报告编制风险。

①编制策略缺陷。企业在编制财务报告时，可能缺乏明确的方案或方案设计不合理，时间规划不明确，这可能导致财务报告延迟发布，进而损害企业信誉，或引来监管机构的纪律处分。

②报告一致性问题。财务报告的基础、依据、原则和方法不统一，程序漏洞，财务信息被泄漏，这将严重质疑财务报告的可信度，影响使用者对企业的评估和商业决策，甚至损害企业利益。

（10）成本控制与考核漏洞。在成本费用的使用过程中，监督机制薄弱，未能实时反馈和交流支出动态；预算分析及成本考核存在偏差，与现实脱节，未能及时找出并解决差距，这会削弱预算执行的效能，阻碍战略和经营目标的达成。

三、企业成本费用业务主要控制点要求

（一）成本费用支出部门和单位内部职责

在设定职责权限和岗位分配时，企业需遵循不兼容职务分离的原则。成本费用的发生主要涉及生产和管理部门，其中涉及的不兼容职位包括但不限：采购需求的提出与批准、采购批准与实施、价格比较与供应商选择、采购合同的起草与审查、购买与验收行为及财务记录、付款请求与审批与执行，以及采购操作与监管等。对于费用管控，不兼容的岗位涵盖费用标准、预算的制定、修改与批准，费用支付申请、审核及批准，以及费用支出与相应的会计记录工作。

（二）建立健全成本费用控制制度

公司需构建一套完善的成本费用管控体系，该体系需经适当层级的管理层批准后方可实施。其涵盖的范畴应包括但不限于合法合规的生产成本核算与适切分摊、旅行及差旅费用的管理、商务宴请费用控制、通信费用的处理、物流运输费用的管理、销售服务费用的规制，以及对罚款和捐赠支出的管理等方面。这个管控体系应明确规定各类成本费用的确认标准、审批流程及权限分配。

（三）成本费用计划（预算）的落实

（1）构建与分配企业的成本和费用预算。

（2）设计与审批企业成本、费用及生产计划（预算）。基于已批准的年度、季度、月度经营计划，企业需制订内部生产计划（预算），经过部门主管的审查，再根据授权规则进行审批，然后分发至生产部门或管理机构。对于预算内的成本费用支出，需在费用产生之前，预先提交支持文件或申请，经相关部门主管审核同意，并按照企业设定的审批权限执行。

（四）维护成本费用信息系统主数据

企业需遵循严格的程序来规范成本核算过程，以确保各项费用的准确划分和管理。由指定的专业人员依据会计准则和内部程序，对产品定价、自制半成品价值，以及相关权重进行严谨评估，并在得到适当授权后在系统中进行实时更新。

（五）物料耗费及生产

（1）生产部门基于预先设定的成本预算，负责制订常规材料需求计划，此计划需经过各部门主管的严格审核后，才可交付采购部门执行采购任务。

（2）根据成本预算，生产部门或相关部门会指定专人进行月度物料管理，包括生成详细的生产单位物料平衡表，经相关部门负责人核实无误后，纳入生产计划的实施环节。

（3）生产部门和辅助部门需建立详尽的现场操作记录，包括材料和动力的使用情况，由操作人员和相应的负责人双重核查后，每月制作劳务和动力分配明细。这些数据随后由部门负责人审阅，并由统计、技术、计量部门进行定期核对，数据需及时输入信息系统或 ERP 系统，以支持期末成本费用的准确汇总。

（4）质量控制部门通过严格的质量检查，记录产品品质信息，并生成产品质量报告，此报告作为考核部门绩效的重要指标，纳入到奖励和惩罚机制中，以此强化质量管理效果。

（六）成本费用归集与控制

1. 原材料、辅助材料及动力消耗控制

企业的特定部门须指派专人，利用生产管控等部门负责人核准的原材料、辅助材料及能源消耗报表等基本数据，在信息平台发起申请。随后，具备相应权限的人员将执行任务，整合这些原料、辅助材料和能源消耗的相应的成本费用。在费用报销管理方面，企业需确保审核所有报销手续的完整性、业务的真实性，以及原始凭证的合法性，待审批流程结束后办理报销。

2. 人工成本控制

企业应设立一套人工成本管控体系，明确规定人力成本的确认标准、计算方式和分摊规则。合理配置岗位，实行职责、人员和薪酬匹配的原则，通过严谨的绩效评估和激励机制有效地控制人力成本。

3. 修理费用控制

指定的专职人员需依据资产使用部门和设备管理部门负责人批准的原始凭证，在信息系统中提交申请，由有权限的人员集中处理维修费用，并在会计期末全部转入管理费用科目。

4. 折旧费用的提取与审批

固定资产折旧的计算由具备相应权限的人员每月执行并进行账务处理，还需经过同级别权限人员的审批。一旦确定了折旧标准，不应轻易变更。

5. 折旧费用的核对

财务部门每月需与资产管理部对比固定资产记录，以确保折旧计算的精确性。

6. 其他费用支出控制

根据安全、环保、绿化、消防、科研等费用的专业管理部门负责人审批的

使用情况，企业应由相关权限人员在系统中更新数据，严格按照规定进行核算和管理。企业将根据审核无误的费用支付或报销单据（重大科研、安全技术措施等费用还需附带合同和授权人员确认的项目结算书）进行账务处理。

7. 安全生产费用的计提

属于高危行业的企业，为确保安全生产，应遵循国家相关规定，准确估算安全生产费用，经企业相关部门负责人审批后进行账务处理。

8. 期间费用控制

企业应遵循期间费用的核算原则和相关规定，全面收集和整合相关费用。

（七）成本费用归集与分配

1. 跨期成本

在企业遵循特定准则处理涉及分期核算的成本项目时，务必附上详尽的计算方法，并经财务主管部门严格审核后，才可进行相应的会计调整。

2. 成本费用的分配

（1）每个月，企业的成本核算团队由专门的人员负责进行详尽的成本分摊作业，并确保分摊记录的准确性。此外，拥有特定权限的员工在内部系统中负责管理成本分摊流程、定价策略，执行相应的会计操作，并确保整个过程的平衡无误。

（2）任何成本和费用的分配规则，如使用系数、权重或比率等，都需遵循严格的制度，未经财务主管的严格审批，不得擅自变更。任何变动都应公开透明，并经正式批准后方可实施。

（3）对于那些已经发生但尚未收到发票或者暂时缺乏结算依据的费用，企业会根据实际情况和充分的证据，经过相关部门的审慎确认和审核后，再进行恰当的财务处理程序。

3. 产成品成本及单位生产成本计算

在核算产成品成本及单位生产成本的过程中，企业需严格按照既定程序，从原材料、在制品到半成品的成本转移中，生成相应的报表，并以此为基础准确计算出最终的产品成本和单位成本。

4. 企业成本费用的归集分配与控制

对于企业内部成本的收集、分配与管理，必须坚持"权责发生制"和"实质重于形式"的基本原则，确保每一笔费用的真实反映。任何会计政策或规则的变动，都必须经过适当的层级审批，并在必要时公开透明地进行信息披露。

（八）成本费用统计、分析与考核

1. 企业生产和财务部门

企业需结合年度规划和预算指标，以及月度的计划与预算设定，对各项成本费用的支出进行逐月的深入剖析。对于出现的重大计划与预算执行偏差，需着重探究其背后的原因，并提出有效的管理策略。企业还需定期举行经济运行分析会议，详细探讨成本费用的实际执行状况与预期目标之间的差距，以便向企业领导层进行全面报告。

2. 企业绩效考核部门

企业应当联合绩效评估团队与财务部门共同构建一套针对成本费用管控的绩效评价体系。财务部门需持续性地向各成本费用消耗单位及部门通报其预算实施状况。对于可能出现的预算超标情况，相关单位和部门需预先设定对应的控制策略，经部门主管核准后实施。财务部门还需向绩效评估部门提交成本费用计划与预算的实际执行情况，以便绩效评估部门依据内部考核规则进行公正的评估。

第六节　企业销售业务控制

一、销售业务简述

（一）销售含义

销售活动涵盖了通过出售、租赁或任何创新方式将产品或服务交付给非关联方的全过程，这其中包括了如营销、推广、展示和服务等一系列辅助操作。简而言之，销售可被视为企业将生产成果转化为实际交易的实践，是面向顾客的一系列互动行动。销售的基本概念可以概括为将商品或服务转化为货币的转换过程。

销售管理是一个全面的过程，涉及对目标达成的策略规划、执行、监控和调整，旨在与目标市场建立并维护有益的交易和沟通连接。

销售业务的特点鲜明，表现为交易次数多、收入确认与计量难度大，以及直接引起货币资金或未收账款的增长。

（二）销售业务的主要内容

企业的业绩表现往往在销售活动中得以体现，因此销售的核心环节即为销售收入的确定。这一过程需严格遵循《企业会计准则第 14 号 —— 收入》（以下简称收入准则）的规定，该准则与国际标准保持一致，确保收入确认的科学性和公正性，对于反映营业成果的真实性至关重要，并有助于企业在全球市场中保持竞争力。

收入确认涉及两个方面：一是产品销售产生的收入确认；二是提供劳务所得收入的确认。此外，还包括因他方使用企业资产而获取的收益，例如，租金和分红等。

1. 销售收入的含义

收入准则阐述了收入的本质，即企业通过日常运营活动产生的、非资本投入引发的、直接增加所有者权益的经济利益流入。这一概念强调了三点关键要素。

第一，收入源于日常运营的持续活动，以及与这些活动相关的其他运营行为。

第二，收入涉及的是经济利益流入，排除了所有者初始投入的资源。

第三，收入的确认需体现对所有者权益的实质增值。

会计人员在执行这一原则时，需依据合同履行情况判断收入确认时机。当企业已将商品控制权转移给客户，允许客户主导商品利用并获取大部分经济利益时，方可确认收入。这个收入标准适用于大多数商业合同，除非特定准则另有规定。

收入准则中的客户是指那些签订合同，以购买企业日常产品或服务（统称为"商品"）并支付相应价款的一方。合同是指具备法律约束力的，明确各方权利和义务的协议，形式多样，包括书面、口头和非书面形式。

对于企业，相同或类似交易的处理须保持会计政策的一致性，除非必要且在附注中详细说明，否则不可随意变更。为了保证会计信息的可比性和透明度，不同企业应对相同或相似交易采取统一的会计规范。

确认销售收入并非机械操作，而是需要财务会计专业人员的深度理解和判断。他们需要精通业务运营、合同条款及财务知识，准确判断每笔交易的收入性质，何时记录入账，哪些项目符合会计记录的标准（如定义性、可计量性、相关性和可靠性），还需考虑成本和费用是否与收入相匹配。

2. 销售收入确认的标准

（1）营业收入的多元划分。企业的营业收入依据其业务性质的不同，划分为商品销售收益、服务提供收益，以及无形资产使用权收益。按照企业业务运营的核心与非核心区分，可分为核心营业收入和其他营业收入。核心营业收入源于企业常态运营活动的持续收入，而其他营业收入是那些与常规活动相辅相成的额外收入。

（2）确认收入的关键要素。确认收入主要涉及商品销售和劳务服务的确认，并且包括无形资产使用权的转让。准确的收入确认至关重要，它确保了财务记录的准确性，并能生成对决策者有价值的商业信息。然而，收入确认的判定标准在财务会计中极具挑战性，既是内部控制的重点关注点，也是部分企业试图操纵财务报表、欺诈财务数据的手段。因为它直接影响利润计算，进而左右所有利益相关者的决策，所以收入确认的重要性是其作为会计行为中的识别与判断，即决策过程中的关键步骤。

在处理销售收入确认时，有两个核心问题需要解决：一是时间点的确定，即商品销售或大型工程应在交易发生前、发生中还是发生后计入账目；二是价值计量方法的选择，比如，采用总额法、净额法，或是按照完工百分比或合同完成度来计价劳务收入。

根据收入准则的规定，收入的确认必须基于明确的合同基础，并在满足定义清晰、可量化、相关性强和可靠性高的前提下，遵循以下五个确认步骤（也被称作销售确认的五大条件）。

①合同已经得到所有参与方的正式认可，并且各方都明确表示会履行各自的承诺。

②合同中详细规定了合同双方在涉及的商品或服务（统称为"交付产品"）上的权利和责任划分。

③合同中包含明确的支付条款，针对转移商品的交易价值有所约定。

④合同具备实质性的商业价值，意味着履行合同将大大影响企业未来的现金流，无论是时间分配、金额大小还是风险结构。

⑤企业预期能够可靠地从客户那里获得因商品转移而产生的对价，这是收入确认的重要依据。

企业在进行会计处理时，应秉持审慎原则，避免对资产、收益的过度估计，以及对负债、费用的低估。对于在特定期间逐步完成的合同义务，通常应在该时间段内依据服务完成的比例来确认收入，除非无法准确判断完成度。确认履约进度时，企业需根据商品特性，选择产出法或投入法作为合适的方法。若履约进度无法合理评估，但预期已发生的成本能获得补偿，企业应按已发生的成本金额暂时确认收入，直至能够合理确定履约进度。

企业确认在特定时间点完成的合同义务所对应的收入，关键是确认客户何时真正掌控了相关商品。在评估客户的控制权转移时，应考察以下关键因素。

①企业是否具备即时收取对应商品款项的权利，即客户对商品具有即时支付的义务。

②法律上，企业是否已完成商品所有权的正式转移，使客户成为法定的所有者。

③商品实体是否已实际转移至客户手中，即客户实际占有商品实物。

④企业是否已经将商品的主要风险和经济利益转移给了客户，这意味着客户承担了商品的主要收益和损失。

⑤客户是否公开表示或通过行为表示接收了该商品。

⑥还存在其他显示客户已获得商品控制权的显著证据。

（3）销售收入确认基础——权责发生制。企业采用权责发生制作为会计确认、计量和报告的核心原则，源于所有权与管理权分离后的现实背景。在这种背景下，所有者与管理者共同关注的是委托责任的履行，这进而推动了财务会计目标的演变。权责发生制正是这种经济变迁的产物。

从复式记账的角度解析，收入确认伴随着资产的增值或负债的减少，而费用的确认同步伴随着资产的缩减或负债的积累。实际上，权责发生制涵盖了会计所有元素的确认过程。然而，收入作为会计要素中的关键点，其确认的复杂性尤为显著，尤其是何时实现收入，这无疑构成财务会计中的一大挑战。收入确认意味着获取收入的权利已确立，而费用确认对应着支付义务的确凿，因此，权责发生制主要侧重于收入和费用的认定。

（4）销售收入确认的原则——实质重于形式。企业在进行会计操作时，应基于经济实质而非仅仅依赖法律形式来执行确认、计量和报告的任务。针对企业收入，其主要涵盖三大部分：商品销售、服务提供，以及资产使用权的转让。此外，由于非货币交易、投资活动及债务重组的特性与众不同，相关确认规则在各自的特定准则中有详细阐述。审视各项收入确认的细节，销售收入的确定始终贯彻实质重于形式的理念。也就是说，收入确认并不以所有权文件或实物交付为依据，而是以商品的主要风险和收益实际转移等实质性标准为依据。

（三）企业销售业务流程走向

企业销售业务流程走向如下所示：

接受客户订单与编制销售计划→客户信用审核→确定销售价格→签订销售合同→开票和收款→发货→编制销售日报表→财务记账→催收账款→月末盘点→完善客户服务→分析与考核。

（四）企业销售业务控制目标

（1）根据企业的生产与商业策略（规划），有序地进行产品销售，以确保供需平衡，实现盈利目标。推动销售业绩稳步上升，增加市场占有率，严谨销售操作，有效防控潜在风险。

（2）确保市场供应稳定并达成经营目标（预设指标），推动销售持续增长，逐渐扩大业务规模和市场份额，稳固并扩大客户基础。

（3）强化企业的经营管理、投资决策与融资活动，强化合同监管，防止因合同疏忽导致的经济损害，坚定地维护企业的合法权益。

（4）通过专业化的运营和市场导向的策略，持续优化管理效率和盈利能力，挖掘新的利润增长领域。

（5）坚持严谨的会计核算，确保销售收入、应收账款、成本和支出信息的精确、完整，确保款项的及时回收。

（6）确保所有操作符合国家税收、金融和物价政策，以及企业内部的规章制度。

（7）严格把控付款和结算流程，确保资金使用合规，保障货币资金和其他资产的安全性。

（8）负责收集并提供准确无误的生产经营数据，满足财务核算和对外信息报告的需求。

（9）强化库存管理，确保库存数量准确，产品质量达标。

（10）构建出色的客户服务体系，关注客户信用，强化与客户及消费者的互动，塑造企业口碑，提升产品信誉，培养忠实的客户群体。

（11）实施全面的质量控制体系，从原料采购到产品销售全程监控，严把质量关，杜绝不合格产品出现。

（12）定期对企业的运营状况进行深入审查、评估和考核，持续优化运营效果。

二、企业销售业务应关注的主要风险点

（一）主要风险点

（1）不恰当的销售规划和战术，市场预期的偏差，以及销售网络的混乱管理，可能会引起销售受阻，库存过剩，从而对业务运营造成持续压力。

（2）如果客户信用管理不足，选择的结算方式不合适，或者收款执行不力，可能会使销售回款成为难题，甚至导致欺诈风险。

（3）销售活动中潜在的欺诈行为，可能会侵蚀企业的经济利益。

（二）风险的具体表现

企业销售活动中可能面临的风险主要体现在以下十个方面。

（1）销售策略规划风险。如果销售计划的制订、调整、审批和执行缺乏合理性，可能会导致产品配置和生产调度失衡，进而阻碍企业运营的健康发展。

（2）客户关系管理风险。没有建立有效的客户管理系统，客户跟进质量不足，客户资料的维护和更新不及时，缺乏对客户和市场的深度分析，这将阻碍市场开拓，甚至可能导致市场占有率的下滑。客户档案的不完善，缺乏严谨的信用评估，可能导致选择错误的客户，使得销售回款困难或遭遇欺诈，对企业现金流和日常运营产生负面影响。沟通渠道不畅，信息传递存在延迟、缺失或错误，使企业在交易中处于弱势，进而损害企业利益。

（3）售价设定风险。销售价格的确定受到多重因素的影响，政府政策的调整，例如，定价政策的变化，都可能引起销售价格的波动，从而给企业的经营业绩带来不确定性。

（4）销售合同的风险。

①合同管理漏洞。未经规范流程就贸然签订合约，导致潜在的法律隐患未被识别；合同内容可能存在严重错误，如遗漏关键条款或设下隐性陷阱，可能模糊权责边界，损害企业权益。在对重要法律问题和风险进行深入调查后，未能在合同中明确规定防范措施，易使企业在履行过程中遭遇不利局面。

②审批与签署不当风险。合同审批流程不严谨，未经授权的审批者介入，可能造成合同效力受损，企业蒙受损失。代理人超越权限或对方代理人无合法授权签署合同，若缺少法定代表人或授权代理人的签字确认，合同的法律有效性存疑。合同专用章的保管和使用制度不严，可能导致盖章记录缺失，或是未在所有页码上加注骑缝章，这些都可能引发法律纠纷。任何未按法定要求完成签字盖章或审批登记的行为，都会为合同的合法性埋下隐患。

（5）运营流程瑕疵。在诸如合同履行、信用审批、定价策略实施、账务核对、库存操纵、单据流转等关键业务环节中，哪怕是微小的失误或响应延误，都可能对财务报告的精准性构成威胁。

（6）税务合规风险。企业的税务管理体系若存在漏洞或未能严格遵守相关程序，可能导致税收计算错误，进而侵蚀财务报表的精准性，或者因申报缴纳不及时或错误，招致监管机构的法律制裁。

（7）收款管理危机。销售收款环节管理不当，比如，选择不当的结算手段，票据管理混乱，追讨欠款力度不足，可能导致应收款无法按时收回，甚至遭受欺诈。

（8）存货审计隐患。盘点过程中的疏忽或对计划执行不力，可能会遗漏账实不符、滞销或过期存货的识别，从而造成企业资产价值的隐性损失。

（9）生产与财务数据风险。生产统计数据采集和处理的不规范，可能导致数据质量下滑，影响工作效率及业务决策依据。财务核算不严谨，可能产生销售收入、应收账款等信息失真，直接影响财务报告的真实性和企业信誉。

（10）绩效监控风险。对销售部门的监督考核措施不当，可能削弱其业绩驱动效果，从而影响企业整体战略目标的达成。

三、企业销售业务主要控制点要求

（一）接受客户订单与编制销售计划

1. 客户订单管理

公司的销售团队接收并处理顾客的购买请求，所有订单在通过验证后会进一步由特定授权人员进行审批。

2. 采购订单

采购订单的保管工作由特定职员全权负责，非授权人员不得访问或修改相关文件。除了销售部门的订单管理专员，其他员工无权接触销售订单的管理工作。

3. 编制月度销售计划

根据订单状况和生产规划，企业的规划部门会起草每月的产品销售策略，该计划在得到销售部门主管的审查后，将按照既定的权限流程进行审批。

（二）客户信用审核

1. 客户开发管理

销售团队依照公司的发展蓝图和市场定位来策划客户拓展策略，此策略在得到高级管理层的批准后会被启动执行。

2. 客户信用管理

销售管理部会设定一套客户信用策略，根据公司的业务特性来划定新客户开发的领域，进而识别出具有潜力的新客户。他们会选择合适的调查手段进行深入研究，并基于调研结果对客户进行评估和筛选。他们也会结合设定的信用政策，提议新客户的信用级别。这个信用政策和建议的信用级别在经过销售和财务部门的主管审阅后，会按照既定的授权流程批准。

3. 客户档案动态维护

公司确保每年至少更新一次客户的信用状况信息，以保持客户档案的最新性。销售、财务等部门将联合对客户进行实地考察，并提出调整或分类客户信用级别的建议，同时也会明确每个客户的信用额度和期限。这一系列建议在销售和财务部门负责人审核后，会遵循相应的授权规定进行批准。

（三）确定销售价格

1. 产品定价

国家指定调配商品的价格遵循国家各部委的定价文件，由企业转达并遵照执行。至于非统一分配商品的价格，将由企业内的价格管理小组依据市场状况详细设定。如需调整价格，企业销售部门要基于实际情况提出调整建议，并按照既定的审批流程办理。

2. 价格浮动权管理

企业价格管理小组有权根据市场状况，赋予销售部门一定的价格调整权限。销售部门可依据自身市场定位及产品特性，将此权限逐级下放，但须确保权限分配的透明度和明确责任人。此类权限的授予需严格遵守审批规则。

3. 销售谈判及定价

对于需要通过协商确定的销售业务，销售部门需与客户就销售价格、发货和收款条件等进行讨论。重大销售谈判应邀请财务和法律等专业团队参与，获取法律顾问或专家的咨询意见。整个谈判过程应有详细的书面记录。符合定价策略的定价由销售部门主管审核，而超出定价政策的产品定价或突破政策限制的定价，需按照规定程序审批。

（四）签订销售合同

1. 赊销方案的审批

当执行销售业务并采取赊账方式时，销售团队需按照既定的信用策略来制订赊销计划，并将其提交给信用管理部门或专职岗位进行审查。信用管理部门或岗位在接收到客户信用信息后，将给出审核建议，并进一步提交至公司相关管理层或决策会议批准。

2. 签订销售合同

在商品销售流程中，对于即付即结的现金交易，企业可依据具体情况选择是否签订销售协议。签订及修改销售合同均需遵循既定的授权规定。相应的企业责任人应在赊销合同签订后，承担起回款责任并签署责任书。

（五）开票和收款

1. 销售通知和核实

企业的财务团队依据客户的支付记录来准备收款记录。销售部门则依据已签署的购销合同或收到的款项，来管理和更新销售订单及销售容差，并出具具有时效性的发货指示。若交易超过预设的信用额度，需重新进行授权流程。

2. 销售信息系统

销售部门的订单录入操作员在获得批准的寄售供应请求后，会检查现有库存，然后在销售信息平台上创建寄售供应清单，清单上的价格和数量需基于实际销售的价格和数量。

3. 开具销售发票

销售或财务部门指派专员根据发货单、销售通知等凭证来开具发票，并确保其盖章有效。禁止伪造发票。只有得到授权的销售开票人员才有权开票。开票人员的职责应与应收账款核对的职责分离。销售发票一旦在销售系统中生成，开票人员需通过税务系统的接口将其导入金税系统，打印增值税发票。如无税务系统接口，企业需每日手动核对税务系统中的增值税发票与销售系统的电子发票，以保证金额准确。

4. 货款结算

财务部门在结算周期内，经审核发票和其他相关文件后，负责处理货款结算。对于赊销商品，财务部门会根据销售合同、协议及发票等文件来收取款项。

（六）发货

1. 组织发货

销售团队在确认客户付款到账后，会生成一系列连贯的出货指令给库存管理部门；这些指令需采用统一编号系统。库存部门收到指令后，会对商品型号和数量进行详细核查，并签署确认后，将财务联单递交给财务部门进行记录。

在货物打包环节，仓储部门的验收人员会核对实际出货量与有效的提货通知单是否相符。一旦相符，发货人员便会批准出货，开具离厂许可，并依据提货单更新库存记录。

对于发货单的修改，除非有特殊情况，否则业务部门无权直接删除，任何改动都需经过部门主管的严格审批程序。

2. 销售退回与折让处理

为了优化退货流程，企业应强化销售退回的管理，对退货原因进行深入分析，并迅速妥善处理。所有销售退回或折扣申请需经业务部门负责人按其规定的权限进行审批后才能执行。退回的商品首先由质量控制部门进行检验，并由仓储部门清点入库。

在处理寄售商品的退回、结算、实物退回及寄售结算退货时，同样需要遵循严格的审批制度。审批者主要关注退货请求的合理性，包括退货原因和涉及的数量。

（七）编制销售日报表

检验发票与发货记录的一致性。每日，销售团队需对比系统记录的发货数额与发货台账的数据，确保两者相符。月底时，销售部门应对台账的发货数据与实际发货情况进行校对，一旦发现差异，应深入调查原因并立即采取相应的措施。

（八）财务记账

遵循《企业会计准则——基本原则》及相关会计管理规则，确保财务记账和会计核算的准确性。会计凭证的制作、审查、收入确认及月度结转等工作应严格遵守国家和公司的会计规定。财务部门需核查业务部门提供的订单、入库凭证、发票和出库凭证等原始文件，确认无误后在财务系统中进行审批，编制会计凭证并署名或加盖印章。同时，企业需依据《企业会计准则——基本原则》和《企业财务通则》等相关法规，制定自身的会计核算方法，明确规定采用的会计原则。

（九）催收账款

1. 应收账款核对

针对变动中的企业应收账款管理：财务部门需协同业务部门每月处理与客户的动态账目，确保未结算款项得到对方的书面确认，询证函需签名或盖章。如无法获取书面确认，所有对账详情应详细记录并经财务部门主管审核。对于稳定不变的应收账款，财务部门和业务部门应至少每半年联合进行一次对账确认。

2. 应收账款分析

企业财务部门需联合业务部门，定期对未结应收账款进行审查和评估，针对长时间未回收的款项制定策略。财务部门应每月编制账龄分析报告，业务部门则负责评估款项的可回收性。这些分析报告需由有权人员审阅。基于账龄和款项的可回收性，财务部门应根据企业内部财务规则计提坏账准备，该过程需经过规定的审批程序。

3. 应收账款催收

每月，财务部门应整合各业务部门的客户欠款信息，经财务部门主管批准后转交给相关部门。随后，各部门需推动款项回收，并将月度清理欠款的进展以书面形式提交给其部门主管审批。

4. 应收账款收回的账务处理

（1）非现金资产结算操作。当企业通过非现金资产来结算债权时，需订立协议，或取得司法机关的裁决书。协议的签订需遵循相应的授权规则。若涉及实物资产抵债，企业应进行资产估值，并经适当的权限批准。

（2）处理无法回收的款项。对于确实无法收回的款项，企业应遵循既定的审批流程，在获得批准后，迅速制作并审核会计凭证，将此视为坏账损失。已确认的坏账应在备查簿中逐项记录，并妥善保管原始凭证，以保留可能的追偿权利。

（十）月末盘点

各个企业功能单元，如制造、市场、仓储及财务，需执行盘点对比，以便发现任何不匹配，探究其根本原因，并迅速采取相应的措施。

（十一）完善客户服务

销售团队需强化客户关怀策略，以增强客户满意度和忠诚度，并且致力于产品品质提升和服务质量的优化。对于退货情况，必须深入探究退货的根本原因，遵循规定的审批流程，并高效解决。

（十二）分析与考核

销售部门每月都需要进行业务运营分析，经部门主管审查后呈交高级管理层评估。针对销售业绩，相关管理层会根据设定的销售目标，推动销售部门调整后续行动计划。同时，企业内部的绩效评估机构会按照既定考核机制，定期对销售部门进行评审，其结果将提交给有权审批的人员。

第七章

大数据时代下的互联网财务内部控制

第一节 互联网财务内部控制的特点

一、互联网财务的特点

（一）工作环境网络化

互联网财务的显著特征是其网络化的运作环境。在这个环境下，互联网作为财务活动的基础平台，网络数据中心和服务如同系统的动力源泉，确保系统的正常运作。数据库则担当关键角色，成为信息存储中心和数据处理的枢纽。

互联网财务是一种会计信息系统，它专注于对"事件"的记录、表述和管控，数据库技术对其至关重要。这是因为数据库犹如一个全面的信息宝库，承载着所有操作所需的数据资源。

（二）计算机设备成为主要的操作工具

在互联网财务信息系统时代，传统的会计工具，如凭证、账簿、笔墨、算盘和计算器已被计算机、扫描仪、POS 终端、网络设施，以及各种办公自动化和专业财务软件所取代。

（三）工作流程网络化

在网络环境中，所有财务相关人员的工作都变得透明化，基本的会计流程也经历了变革。现在，大量任务通过网络平台执行，包括在线申报、电子审批、凭证电子传输、数据实时更新，以及信息的网络交流等数字化操作日益普及。

（四）工作效率大大提高

互联网财务信息系统运用先进的计算机技术，将以往复杂且重复的手动劳动转化为自动化处理，极大地提升了效率。伴随着信息技术的演进，系统软件不断优化，正逐步走向智能化。减少人力介入，进一步将工作流程标准化，从单纯的核算功能转向管理支持和决策辅助，这是互联网财务信息系统未来的发展趋势。

（五）会计信息提供更具个性化

互联网财务信息系统颠覆了传统的会计信息供给模式，从过去的单向传递转变为赋予信息使用者更多选择权的模式。在这一网络环境中，会计部门需在缺乏全面了解用户需求和决策模型的情况下，致力于提供多样化的经济事件信息，让用户依据自身的决策需求自行筛选和处理数据，从而提升会计信息在决策中的实用性。由于系统直接对接用户，不仅管理层，还包括大量的个人用户都能从企业的原始数据出发，自行进行数据分析，以获取所需信息。显而易见，这种互动式的模式极大地增强了用户获取会计信息的自主性，大大提高了信息利用效率，同时也增强了会计信息的公开性和个性化服务。

（六）信息共享性大大提高

互联网财务模式着眼于业务核心，革新了传统会计信息系统中各业务板块信息孤立的状况，将各类信息整合存入统一的数据库，极大地提升了会计信息的聚合度。鉴于财务数据与业务数据同根同源，因此各个职能层次的部门都能访问到同一数据库的原始资料，当然，这种访问受到严谨的权限管理制约。此外，会计部门不仅仅限于内部信息共享，还能与其他部门通过构建集成数据接口，开放并共享公共资源，以增强这些共享信息的一致性和精确性。

（七）信息处理及时性提高

在网络环境中，企业的各个方面，如制造、营销、人力资源、库存管理等，都能利用网络技术即时地将各自的数据传递至企业的集中式信息数据库。随后，财务部门能够立即对这些信息进行处理，并将更新返回，确保了财务部门与其他业务部门之间的无缝对接。在信息公开上，企业可以运用网络技术，在保障数据安全的前提下，实时地将最新的企业动态信息分享给外部的相关利益方。这样一来，信息使用者无须等待，就能通过网络实时掌握目标企业的运营状态，极大地提升了信息处理的效率，大大增强了互联网财务信息系统对于信息即时处理的能力。

二、互联网财务内部控制的变化

（一）内部控制环境

互联网财务信息系统的特点是其运作基于计算机技术、网络平台，因此，传统的实体控制环境已被虚拟化的网络、数据库及信息数据传输环境所替代。该系统的内部控制环境更侧重于数字化领域，如网络安全和系统管理等方面。

（二）内部控制的范围和内容

内部控制的覆盖领域在互联网财务信息系统中明显扩展，其内涵也经历了深刻变革。新增的控制层面主要包括网络管理和系统管理。网络管理涉及网络安全性及病毒防护措施，而系统管理则涵盖系统设计、开发，以及软硬件的运营维护。这些新的关注点引申出一系列控制内容：确保网络安全、数据库保护、实施病毒防护策略；关注系统设计与开发，保证软硬件运行，设定用户权限与密码控制，以及执行计算机数据处理的程序和相关控制措施。

（三）内部控制的重点

网络信息系统独特的特性显著区分了其内部控制的核心与传统会计内部控制。在传统的会计体系中，控制主要集中在对人员的行为监管，关注点落在凭证验证、账簿检查和报告签署等环节。

然而，随着互联网财务信息系统的构建，许多原本依赖人力的任务被计算机程序自动化处理。这导致内部控制的焦点转向对人机交互的管控，涵盖了网络安全、系统保障、数据备份、原始会计数据的录入、会计信息的导出、人机交互过程的控制、会计信息访问权限的设定，以及不同系统间接口的管理等。换言之，在互联网财务信息系统环境下，不仅会计核算和业务运营的控制特别重要，信息系统的内在控制也成为关键焦点。

（四）内部控制的手段

随着管控环境的演进和内部控制系统的扩展，互联网财务信息系统引入了崭新的内部控制要素，其核心逐渐侧重于网络和系统安全。因此，内部控制的方法也相应地发生了显著变革。传统会计体系倚重严谨的凭证管理制度，涉及签名确认、印章使用，以及对交易处理记录的详细审查等控制措施。然而，在互联网财务信息系统中，网络和系统的管控变得无形且复杂，主要依赖于计算机硬件和信息技术的支撑。同时，业务操作层面的控制主要通过交易授权、用户权限设定，以及将相关业务流程自动化的方式来实施。

第二节　互联网财务内部控制体系的设计原则

1. 合法、规范原则

设计互联网财务内部控制体系需遵守国家财经法规与机构内部相关规定，确保所有经济行为均在合法合规的框架内进行。

2. 成本与效益原则

考虑到互联网财务信息系统的特性，内部控制可能存在局限性，且相较于传统会计系统，其在软硬件投入上成本更高。因此，必须遵循成本与效益原则，即实施控制的成本不应超过潜在风险或错误可能导致的损失，只有当控制措施的效益超过成本时，其才有实际价值。

3. 针对性强

互联网财务内部控制需具备高度的针对性，根据其特有的优势和挑战，识别内部控制的关键领域，进而制定特定的控制流程和执行策略。

4. 内控严疏和效率高低协调的原则

会计工作的内部控制应严谨，但如果实施后导致工作流程烦琐，效率大大下降，那么该制度便不具备实用性。因此，需在控制强度和操作简便性之间寻找平衡点。

5. 重要性原则

在互联网财务的内部控制中，应重视重点，兼顾一般。评估事项重要性的标准应包括其对系统的影响、业务特性，以及涉及金额的大小。

6. 安全性原则

互联网财务的内部控制与传统会计存在显著差异，首要任务是保障安全性，特别是系统及数据库的安稳。若系统安全无法得到保障，会计信息的可靠性便无从谈起。数据库遭受破坏，损失将无可挽回。

7. 实用性原则

建构互联网财务内部控制以理论为基础，但目的并非仅限于理论探讨，实践性也至关重要。内部控制不应停留于书面原则，而要确保其在实际操作中的有效执行，通过融入系统并借助信息技术和IT设备等工具实现这一目标。

8. 一般性原则

一般性原则，如传统会计中的制衡机制、职责分明和审批监管，依然适用于互联网的财务内控。区别在于，这些原则需要与数字化系统无缝对接，并且将人工审核流程转化为智能化的程序控制，以提升效率。

9. 发展性原则

随着企业状况的演变和系统的进步，互联网财务的内部控制环境会相应地调整，控制的重点和内容也会发生改变。内部控制的构建应持续关注这些变化，定期进行评估，并适时作出适应性调整，以满足企业财务管理的动态需求。

第三节　互联网财务内部控制的实现

一、网络控制

（一）网络安全面临的主要威胁

（1）网络中心的安全。

（2）各类病毒对系统的损害。

（3）内部用户因故意或疏忽导致的系统损害，包括恶意攻击及错误操作。

（4）外部网络威胁，具体分为三类：①黑客蓄意破坏，盗取信息；②通过网络传播的病毒及互联网邮件中的病毒载体；③网络浏览过程中可能潜藏的恶意Java/ActiveX 控件。

（5）缺乏有效的监控与评估机制以确保网络状态安全。当前广泛使用的多种操作系统都可能存在安全漏洞，例如，UNIX 操作系统与 Windows 操作系统。

（二）网络控制方法

1. 配置硬件设备

这涉及提升网络指挥中心（数据中心）的安全性，具体措施包括安装硬件防火墙、设置入侵侦测系统，以及配备防病毒网关等关键的网络安全保障装置，也要使用网络版的反病毒软件。

2. 加强制度建设

在网络管控方面，除了设置安全防护设备，还需要注重规章制度的建立，比如，制定数据中心管理规则、网络运行规定及设备管理政策等。

二、系统控制

（一）操作系统控制

作为互联网财务活动的基石，操作系统安全的稳定性不容忽视，因此，首要任务是强化操作系统的内控管理。鉴于其开放性和固有的脆弱性，操作系统始终面临着来自内部和外部的各种潜在威胁，如内部人员的不当操作、外部入侵，以及网络攻击和病毒侵袭等。为了确保系统的稳固可靠，除了选择高级别的安全操作系统并频繁更新版本，还须在日常管理中实施以下策略。

（1）设立专门的系统管理员，清除或禁用无用的预设账户。

（2）构建详尽的安全规范，涵盖系统设置、账户管理及严格的审计记录要求。

（3）实施严格的权限管理，限定能使用系统工具的人员和数量。

（4）按需安装最新的系统补丁，修复潜在威胁，预先备份关键数据以防万一。

（5）根据业务需求和安全评估定制访问控制策略，把控信息、文件和服务的访问权限。

（6）对系统账户实行分类管理，坚持最小权限原则。

（7）详细规定涉及安全策略、授权、服务优化、更新补丁、维护记录、日志管理及配置变更等环节的操作标准。

（8）确定审计日志的保存周期，以确保能够支撑潜在安全事件的审查需求。

（9）持续执行漏洞检测，并及时修补所有识别出的安全缺陷。

（10）详细定义用户的职责与要求，涵盖账户创建、用户标识分配、权限设定、审核程序、资源配置及注销规定等方面。

（11）监督和检查账户安全管理执行情况，定期分析用户账户使用状况，对问题和异常行为进行处理。

只有这样做，我们才能有效抵御操作系统层面的风险，保障互联网财务系统的稳定运行。

（二）应用系统控制

1. 系统开发控制

（1）系统方法控制。

信息化管理团队需主导系统规划的构建。他们需深入各部门进行详尽调查，以提炼出精确的需求分析。随后，方案设计完成后，将由高层领导、信息管理团队、系统使用者共同参与讨论，评估项目的可行性和实用性，以此来敲定最终的开发策略。

（2）开发过程控制。

若选择自行开发，首要任务是明确各个开发阶段的目标、人员分配和文档制作规范。提倡开发工具和文档的标准化，以促进团队协作和后期的系统维护。每个阶段完成后，需生成阶段报告，经审查通过后才能推进至下一阶段，并以此为下个阶段的指导。若外包给软件公司，需签署开发合同，明确规定知识产权归属和安全规定，同时提交详细的项目需求说明。

（3）系统测试和验收控制。

在网络环境中，运用在线测试手段，确保系统的完整性和稳定性，特别关注对异常数据的处理能力、抵抗干扰的能力、应对突发事件的灵活性，以及系统遭到破坏后的恢复能力。一旦发现系统软件的缺陷，应及时在线修复并升级，记录所有的修改详情并妥善存档。在系统投入实际使用前，应邀请专家、软件供应商和使用单位进行联合验收，完成验收报告。验收要点包括：系统的安全性、功能是否符合设计和合同要求、技术文档是否齐全，以及软件包是否通过检测，不含恶意代码。

2. 系统运行维护控制

（1）系统的日常运作与维护只能由授权的系统管理员执行，除此之外，不允许存在任何额外的系统访问账号或密码。

（2）系统管理工具的权限应独家掌握在系统管理员手中，其职责涵盖系统安全设置的调整、账户管理及审计日志的监督。

（3）须定期实施系统最新更新和补丁安装，以迅速修复可能威胁计算机安全的漏洞。在应用系统补丁之前，务必先备份关键文件，以防数据丢失。

（4）其余的管控措施与操作系统管理的相关规定大致相同。

3. 设计 USB Key 的数字认证体系，实施系统内部控制

（1）USB Key。

简而言之，USB Key 是一种具备 USB 连接功能的硬件数字认证设备，它与 PKI 技术相集成并遵循 PKI 标准，作为安全中介组件。通过 USB Key 来存储数字证书与用户私钥，并为应用开发者提供兼容 PKI 标准的接口（如 PKCS#11 和 MSCAPI），这有利于构建基于 PKI 的应用程序。作为密钥存储设备，USB Key 的物理架构限制了用户仅能通过制造商提供的接口访问数据，确保了存储在 USB Key 中的数字证书不会被复制。此外，每个 USB Key 都配备了 PIN 码保护机制，这意味着 USB Key 的硬件实体与 PIN 码共同构成了使用证书的必要条件。若用户的 USB Key 遗失，未经授权的人员因不知晓该硬件的 PIN 码，就无法窃取用户存于 USB Key 内的证书。与 PIN 技术的融合使得 USB Key 的应用范围不仅限于身份验证，还能应用于所有需要使用数字证书的领域。

（2）基于 USB Key 的数字认证系统的实现手段。

①制作 USB 接口的硬件数字证书。

②将"原用户号＋密码"的认证方式改为了"数字证书＋用户号＋密码"。

③建立一个信息系统数字认证软件对所有应用系统和数据库进行集成认证。

④该硬件证书应包括使用人基本资料（如姓名、性别、科室、所在工作组等）、财务软件的进入权限、财务软件的具体操作权限。

⑤可以修改该硬件证书使用人资料，但权限仅由所在工作组确定。

（3）互联网财务信息系统的数字认证设计。

①互联网财务信息系统的基础控制机制建立在先进的数字化硬件平台上。

②常见的操作采用单证书验证，关键操作则采用双重或多重证书认证流程，以确保安全。

③工作团队被划分为财务总监、系统监管者、单一软件管理者、二次审核、业务操作员，以及查询专员。

④财务总监负责任命和调整系统监管者和单一软件管理者团队的成员，而

二次审核、业务操作员及查询专员的安排由单一软件管理者执行，财务总监不直接参与业务操作。

⑤系统监管者肩负整体信息系统的维护职责，但不具备实际业务操作权限。

⑥对于数据库操作和初始数据设置，系统监管者需在获得财务总监、单一软件管理者和自身数字证书的联合认证后方可执行，并记录在系统日志中。

⑦根据业务金额和性质的重要性，关键操作需经过业务操作员和软件管理者的双重证书认证，或者先由业务操作员试行，然后经软件管理者或财务总监的复审批准，最终确认为有效数据。

三、信息控制

（一）数据库的内部控制

（1）后台数据库仅能通过专用的客户端程序访问，除特定情况外，不允许任何个人直接登录。

（2）构建数字验证体系，采用"USB 安全密钥 + 用户标识 + 个人密码"相结合的方式，强化数据库访问的权限管理。

（3）如遇特殊情况需直连后台数据库，需事先获得财务部门主管的批准，并在持有财务主管和系统管理员的双重认证证书后方可进行。

（4）远程访问数据库的行为被严格禁止，软件供应商的技术支持人员如需进入后台，必须先经过系统管理员的审批授权。

（5）部署数据库监控系统，实时跟踪关键操作，并设立异常行为警报，同时确保日志记录的完整性，以便后续审计使用。

（6）每周定期梳理数据库审计日志，特别关注那些绕过客户端直接修改后台数据的行为，要进行深入审核。

（二）数据的备份和恢复

鉴于互联网财务业务的数据依赖于电子形式存储，构建一个高效且可靠的备份与恢复框架至关重要。这一框架需满足以下关键特性。

（1）高效能处理大规模数据存储需求。

（2）强调异地备份与灾备功能，确保在各类突发事件中能迅速恢复。

（3）具备跨不同操作系统环境的兼容性。

（4）支持多样化的存储媒介和灵活的备份策略。

（5）内置自动化恢复机制，减轻人工干预压力。

（6）对数据库服务器采取双活冗余技术，增强系统的稳定性。

在优化硬件和软件备份恢复体系的同时，一套严谨的管理制度不可或缺。这涉及以下八个核心要点。

（1）明确标识出业务关键数据、系统数据库和软件系统的备份优先级。

（2）规定备份方法（如增量或完整备份），周期（如每日或每周），存储位置，以及数据的保留期限。

（3）根据数据价值和对系统的影响，定制差异化的备份和恢复策略，涵盖存储位置、文件命名规则、介质更换频率，以及离线转移方式。

（4）设立专门人员负责定期维护备份设备，确保在紧急情况下设备能够顺畅运作。

（5）制定详细的设备安装、配置和启动规程，确保流程规范。

（6）建立流程控制，详细记录备份过程，并妥善保管相关文件和记录。

（7）为特定的备份方式和产品定制操作指南，记录设备运行状态，保障文件安全。

（8）定期执行恢复测试，验证备份介质的可用性，确保能在预设时间内顺利完成恢复任务。

通过这些措施，确保了互联网财务信息在任何情况下都能得到有效保护和快速恢复。

四、业务流程的实时控制

（一）实时控制理论模型

互联网财务的事项驱动特性融合了业务流程与信息处理，网络环境加速了自动化处理，取代了传统的纸质记录，因此，确保交易数据准确性的传统后置检查等控制方式不再适用。鉴于大部分业务活动在网络中实时进行，人为干预有限，强调事中控制，就是即时控制变得十分重要。既然已辨识出事件驱动型互联网财务的相关风险，就应当在风险出现时即时管控，并严格验证业务的合规性和合理性，以符合预设的业务规范。这涉及在业务或信息处理过程中实施规则和策略的检查，并将控制机制融入系统设计和开发阶段，将控制逻辑编程为源代码，嵌入业务事件执行的各个环节，让计算机自动执行控制，以减少错误和欺诈的可能性。然而，为了在网络环境中正确理解和应用会计实时控制，还需深化对互联网财务流程创新、实时控制技术和模式等理论的探索，不断完善实时控制系统，确保其高效、安全且稳定运行，以达成互联网财务实时控制的终极目标。

（二）会计流程再造

1. 会计流程再造的意义

在互联网财务管理领域，传统的会计操作流程已有些过时，因此，推行"流程重构"成为迫切需求。这个概念指的是运用技术手段重塑旧有的管理流程、业务流程及会计流程，并整合这三者，以达成会计的即时监控功能。其核心理念是采用"事件驱动"的策略，对传统会计与信息系统的工作流程进行革新。

这种基于"事件驱动"的会计流程在互联网财务中展现出以下特性。

（1）建立了共享的源头数据库。该体系架构能够逻辑性地整合企业中分散的多个数据库，支持多样性和综合性的信息需求。通过统一编码的原始数据，能够满足所有外部信息使用者的需求，确保数据源于同一源头，实现真正意义上的共享。

（2）业务流程、会计流程（信息流程）与管理流程之间形成了紧密的协作关系。这有助于改善部门间的信息协同，减轻信息协调的困扰。

（3）提供即时财务报表。由于信息处理与业务执行同步进行，使得会计能在过程中实施控制，并且系统能实时向管理者通报异常情况或防止欺诈行为的发生，从而大大增强了系统的风险管理能力。

2. 建立财务业务一体化流程

无论是传统的会计方法，还是当前广泛应用的会计信息系统，其核心步骤依然始于根据各种初始交易记录制作并输入会计凭单，本质上都是事后进行账务处理。为了达成互联网财务的即时监控目标，颠覆常规会计流程，亟须充分利用网络信息技术的潜力，构建财务与业务融合的一体化流程。

3. 财务业务一体化平台的实现

（1）深度挖掘网络媒介和先进技术。

互联网平台作为信息流通的核心，数据库、电子交易等技术的革新与提升为财务业务一体化进程提供了强大且持续的支持工具。充分应用网络平台和尖端技术，能够奠定实现即时信息获取、实时业务操控、即时信息生成和实时报告的创新操作模式的稳固基础。

（2）智能数据管理和整合。

财务一体化流程涵盖了三个关键数据仓库：事务处理数据库、运算库和模型库。这三者通过信息处理中心协同管理数据，为企业的财务运营、管控和决策提供关键数据支持。每当业务事件发生，探测模块（即系统中的信息获取模块）能实时捕获事件详情，将原始数据转化为标准化编码的源数据，并且精确记录每个事件的独特特性和属性，且统一存储在事务处理数据库，避免数据碎片化和冗余在孤立系统中。这个数据库不仅包含符合会计规定的所有业务活动，还囊括了管理层对计划、控制和评估的需求，以及业务活动的详尽细节，所有授权用户都能通过它获取定制化的有价值信息。

运算库是财务决策实施的关键要素。系统需要一个健全的运算库来确保高效运行。运算库负责储存信息提取规则、业务处理指南和控制准则，以及各种确认和计量方法。根据用户的决策目标，系统会选择合适的规则并组合成最适合决策者的会计信息。此外，运算库还包含了基础数学、统计分析、经济模型、预测技术、评价方法、优化策略、模拟工具、决策算法和投入产出模型等多元方法。

模型库作为问题解决和优质决策的基石，内含用户解决问题所需的各种模型，包括专业模型、通用模型，以及临时构建的模型。模型库具备生产、组合和动态更新的功能，主要分为汇总模型、财务报表模型、分析模型、预测模型和决策模型等类别。通过事件驱动的设计，模型库与事务处理数据库紧密相连，根据用户的不同需求，将信息分类为多个事务，并针对每种事务设计特定的操作流程模型。当决策者需要信息时，相关事务的程序会被触发，从而快速提供所需的数据支持。

（三）实时控制方法

在会计流程彻底革新之后，实现实时财务管理的掌控变得可行。借助网络平台及信息技术的支撑，我们能够辨别并制定出结构化与非结构化的内部控制策略。这些策略可以在信息系统构建阶段就被整合进系统内，或者通过构建独立的管理控制模块，将它们无缝衔接至信息系统，以此达成实时控制的目标。

1. 结构化控制规则程序化

在会计数据库处理过程中，判断会计数据处理是否正确是根据结构化规则进行的，其基本规则包括以下五种。

规则1：有借必有贷，借贷必相等。

规则2：资产＝负债＋所有者权益。

规则3：上级科目余额＝其下属明细科目金额之和。

规则4：未审核凭证不允许记账。

规则5：审核人与制单人不允许为同一人。

上述规则是会计数据处理中的基本规则，同时也是"不相容职务相互分离控制""授权批准流程控制"等控制方法的具体体现。事实上，规则远不止这些，人们一直在不断探索、不断丰富和完善规则，以使会计处理流程更加规范。

2. 设计业务流程管理模块

为了确保互联网环境下实时财务管理能够顺畅运行，我们设计了一个流程管理组件。这一组件基于重新构建的业务流程，并且与会计信息系统实现了无缝对接，以便开展内部管理活动。该流程管理模块的目标是确保内控措施的实施不会对业务流程的连贯性产生负面影响，进而防止工作效率的下滑。该模块被集成于信息系统的中心位置，它支持单向、双向乃至多向的信息流通，允许在线即时处理业务申请，以及审批结果的反馈，确保信息传递的及时性和授权审批程序的有效执行。

业务流程管理模块主要包括如下五大功能模块。

（1）购买与管理模式。采购管理系统旨在即时收集并管理与采购活动相关的各种信息，如采购订单、发货单及采购发票等。该系统通过设定多种控制基准（如采购价格基准与成本预算）及审核准则（如价格核准规则和发票管控标准），来实现对采购订单定价与发票处理流程的实时监督。这有助于企业大幅削减采购成本，并提升整体运营效率。

（2）营销系统模型。销售管理模块的功能是对从签署销售合同到完成整个流程的运营情况进行实时采集，同时运用控制标准（如信用额度、销售费用预算等）、控制准则（如赊销控制准则、销售价格控制准则等）来严格地控制和引导销售，对销售行为进行约束，对其分配量、现存量、非使用量进行动态控制。通过对在途数量的分析，增加了资本的回流速度和流动速度，确保了企业的运营利润目标。

（3）库存和库存管理模型。库存与库存管理模型的功能是对材料的入库、出库、盘点、报废和结存等进行实时获取，并且运用控制标准（如各类库存的最大储备数量、最长存储时间等）、控制准则（如超量存储、缺货控制、超过最长存储期限的扣除规则等）来对库存的流量和流速进行控制，使其达到最小化，从而达到最小化库存资本的目的。

（4）费用控制的模型。该模型旨在通过实时收集成本中心及各工序的相关信息，并借助控制标准（包括但不限于物料成本、商品成本、活动成本等），以及控制参数（涵盖不同价格差异控制规范、不同偏差控制规范、不同成本驱动因素控制规范等），有效地管理和控制成本中心与活动成本，促使活动成本与商品成本达到最优状态，进而提高企业的整体运作效率。

（5）金融业务模式。此模块专注于实时获取企业在运营过程中涉及的各个单位和个人的开支、现金收入及支出等数据，并利用控制基准（如利润中心控制基准、开支中心控制基准、资金预算等）及控制规范（如个人借贷上限规定、部门开支及总体开支规定等），严格监管开支与资金流动，从而大大提升资金利用率，降低各类开支，确保企业运营效率达到最高水平。

根据上述不同类型的企业，应该建立一套相关的经营程序，在各个过程中明确各项经营活动的具体操作规程，并将这些活动与企业过程管理模型有机地整合起来，从而实现对系统的实时控制。

3. 通过数字认证体系进行权限控制

权限管理策略指的是高级管理层向企业员工或部门授予特定的权利和职责，设定活动边界，以避免未经授权的个体对业务操作进行不正当干预。这种策略也可称为授权审批控制。在日常运作过程中，实施权限控制政策能够确保会计监督体系在严谨的监控下平稳运作，并严守内部监督系统的要求，保证体系的安全性及信息的保密性。在执行此类策略时，需并行应用一系列标准化原则以指导、协调及规范商业流程。基本原则是，当面对特定的业务活动或情况时，只有具备相应权限的个人才能处理，否则将被禁止介入。从控制层面来看，权限管理既涵盖财务事务，也涵盖业务事件的控制。同时，它既针对单一事件，也覆盖整个流程的管控。

4. 建立实时监控系统

在互联网财务管理的实时操控体系中，实施对各项关键业务与事件的即时监督不可或缺，为此，构建一个业务事件的即时监控平台极为关键，具体包括以下六个方面。

（1）通过整合各子系统的信息桥梁，实现信息的即时获取。

（2）根据业务活动的关键性及子系统的独特属性，定义数据收集的特定准则。

（3）监控平台将即时地向具有不同权限级别的用户传递相应的监控数据。

（4）当数据生成后，系统立即发布实时更新通知。

（5）在授权人员进入监控平台后，未阅读的通知将自动提醒，以便查阅。

（6）对获取的监控数据进行归档，以便日后查证。

总的来说，在互联网财务环境下，业务流程的优化和重构使得控制规则能够嵌入会计控制体系，确保计算机可以严格遵循这些规则执行实时控制。这既弥补了人工控制的不足，也规范了运营活动，并且对提升企业运营效率和效益，实现实时控制活动流程的目标产生了积极影响。

参考文献

[1] 周玮，周苏妍.企业风险管理：从资本经营到获取利润 [M].北京：机械工业出版社，2020.

[2] 蔺琛.企业风险管理研究 [M].北京：北京希望电子出版社，2019.

[3] 王伟.企业风险管理研究 [M].北京：中国原子能出版社，2022.

[4] 包宸，潘德亮，吴勇兵.企业运营与风险防范管理 [M].北京：中国商务出版社，2019.

[5] 李梅泉.基于大数据的企业管理创新与风险控制研究 [M].北京：北京工业大学出版社，2021.

[6] 纪峰.基于公司战略下的经营风险管理研究 [M].北京：北京工业大学出版社，2020.

[7] 徐礼礼，谢富生，胡煜中.基于大数据的内部控制 [M].上海：立信会计出版社，2021.

[8] 王文.内部控制与风险管理理论与实务 [M].长春：吉林人民出版社，2020.

[9] 冯萌，宋志强.企业内部控制从懂到用 [M].北京：机械工业出版社，2021.

[10] 冯春阳，张舒，虎倩.企业内部控制 [M].武汉：华中科技大学出版社，2022.

[11] 李艳华.大数据信息时代企业财务风险管理与内部控制研究 [M].长春：吉林人民出版社，2019.

[12] 闻佳凤，仲怀公.现代企业内部控制学 [M].北京：北京理工大学出版社，2019.

[13] 高云进，董牧，施欣美.大数据时代下财务管理研究 [M].长春：吉林人民出版社，2021.